当代高校篮球运动教学与训练研究

段海庆 ◎ 著

吉林大学出版社

·长春·

图书在版编目（CIP）数据

当代高校篮球运动教学与训练研究 / 段海庆著 . --
长春：吉林大学出版社，2023.7
ISBN 978-7-5768-2332-5

Ⅰ. ①当… Ⅱ. ①段… Ⅲ. ①篮球运动—运动训练—教学研究—高等学校 Ⅳ. ① G841.2

中国国家版本馆 CIP 数据核字 (2023) 第 207879 号

书　　名	当代高校篮球运动教学与训练研究
	DANGDAI GAOXIAO LANQIU YUNDONG JIAOXUE YU XUNLIAN YANJIU
作　　者	段海庆　著
策划编辑	殷丽爽
责任编辑	殷丽爽
责任校对	李适存
装帧设计	守正文化
出版发行	吉林大学出版社
社　　址	长春市人民大街 4059 号
邮政编码	130021
发行电话	0431-89580036/58
网　　址	http：//www.jlup.com.cn
电子邮箱	jldxcbs@sina.com
印　　刷	天津和萱印刷有限公司
开　　本	787mm×1092mm　1/16
印　　张	12
字　　数	200 千字
版　　次	2024 年 3 月　第 1 版
印　　次	2024 年 3 月　第 1 次
书　　号	ISBN 978-7-5768-2332-5
定　　价	72.00 元

版权所有　翻印必究

作者简介

段海庆,女,学历本科,学位硕士,现南京农业大学体育教师,承担普体课、篮球专项课教学以及校男子篮球队训练任务,在工作中多次获得教学质量优秀奖,年度考核优秀奖,主持十四五课题研究,所带的篮球队也取得较好的成绩。

主要奖项:

2022年度获得校教学质量优秀奖。

2018年、2020年、2021年度获得考核优秀奖。

2020年获得江苏省大学生校园篮球联赛决赛暨第23届"CUBA"二级联赛江苏基层决赛第三名。

2022年获得江苏省第二十届运动会高校部篮球(甲B组男子)比赛第三名。

前　言

19世纪末，篮球运动诞生。到当代，经过100多年的发展，篮球运动已经成为颇具影响力的球类运动，甚至是体育运动。篮球运动成为一种文化，日益渗透人们的生活；篮球运动成为一种生活方式，是人们运动健身与赛事欣赏的重要选择；篮球运动成为一种产业，带动着世界经济的发展；篮球运动成为重要的学校教学内容，促进了学生的身心健康和全面成长。

确实如此，篮球运动具有相当多的价值，在当代发挥着越来越重要的作用。而面对着快速发展的社会和日益复杂的形势，如何促进篮球运动的发展，使其多方面的价值得到更充分的挖掘，值得我们思考。在当前高校体育课程教学的实践领域，篮球教育的健康、快速发展任重道远。篮球教师应从平时做起，进一步增强学生的体质，教学评价工作要更加认真和严格。在篮球教学、训练中，篮球教师应更多地尝试采用与众不同的篮球课堂教学模式、内容结构和教学方法，从而更适用于篮球文化课的教学内容安排和篮球体能训练教学。

本书共分为五章。第一章为高校篮球运动基本知识，分别介绍了篮球运动的起源与发展、篮球运动的特点与发展趋势、我国高校篮球运动发展情况、世界重大篮球赛事简介四个方面的内容。第二章为高校篮球运动教学概述，阐述了高校篮球运动教学的原则和方法、高校篮球运动教学的目标和内容、高校篮球教学现状及存在问题。第三章为高校篮球运动教学创新，依次介绍了高校篮球运动教学内容创新、高校篮球运动教学方法创新、高校篮球运动教学评价创新三个方面的内容。第四章为高校篮球运动训练，论述了高校篮球运动训练理论基础、高校篮球运动技术训练、高校篮球运动战术训练、高校篮球运动体能训练、高校篮球运动心理训练。第五章为高校篮球运动教学与训练的科学开展，主要介绍了三个方面的内容，分别是高校篮球运动竞赛规则的学习、高校篮球运动开展的安全保障、高校篮球运动的营养保健。

在撰写本书的过程中，笔者得到了许多专家学者的帮助和指导，参考了大量的学术文献，在此表示真诚的感谢！但由于笔者水平有限，加之时间仓促，本书难免存在一些疏漏，在此，恳请同行专家和读者朋友批评指正！

段海庆

2023 年 5 月

目录

第一章 高校篮球运动基本知识 ... 1
第一节 篮球运动的起源与发展 ... 1
第二节 篮球运动的特点与发展趋势 ... 7
第三节 我国高校篮球运动发展情况 ... 13
第四节 世界重大篮球赛事简介 ... 18

第二章 高校篮球运动教学概述 ... 22
第一节 高校篮球运动教学的原则与方法 ... 22
第二节 高校篮球运动教学的目标和内容 ... 30
第三节 高校篮球教学现状及存在问题 ... 32

第三章 高校篮球运动教学创新 ... 35
第一节 高校篮球运动教学内容创新 ... 35
第二节 高校篮球运动教学方法创新 ... 46
第三节 高校篮球运动教学评价创新 ... 60

第四章 高校篮球运动训练 ... 80
第一节 高校篮球运动训练理论基础 ... 80
第二节 高校篮球运动技术训练 ... 87
第三节 高校篮球运动战术训练 ... 113

第四节　高校篮球运动体能训练 …………………………………… 120
　　第五节　高校篮球运动心理训练 …………………………………… 141

第五章　高校篮球运动教学与训练的科学开展 ………………………… 154
　　第一节　高校篮球运动竞赛规则的学习 …………………………… 154
　　第二节　高校篮球运动开展的安全保障 …………………………… 161
　　第三节　高校篮球运动的营养保健 ………………………………… 165

参考文献 …………………………………………………………………… 181

第一章　高校篮球运动基本知识

本章内容为高校篮球运动基本知识，介绍了篮球运动的起源与发展、篮球运动的特点与发展趋势、我国高校篮球运动发展情况、世界重大篮球赛事简介。

第一节　篮球运动的起源与发展

一、篮球运动的起源

篮球运动起源于美国。1891年，马萨诸塞州斯普林菲尔德市基督教青年会训练学校体育教师詹姆斯·奈史密斯（James Naismith）博士发明了篮球运动。这一运动的发明是经过了一定时间的酝酿的。[①]

1866年，加利福尼亚州学校法中有了对体育的条文规定。1885年成立了"国际基督教青年会训练学校"（春田学院），篮球运动就是在这个学校逐渐产生的。

1890年冬，参加青年会活动的人明显减少，主要是缺少一项适合在冬季室内进行的运动项目。根据当时的情况，奈史密斯认为，为了使新的体育竞技项目达到预期的效果，必须做到以下三点：第一，为了消除人们对当时的体育活动由于粗野行为而产生的恐惧心理的误解（指橄榄球），新的竞技运动必须是"文明"的，严禁粗野的行为；第二，为了弥补足球、棒球受季节、气候的局限，这是一项在冬季不受气候影响而能在室内和晚上进行的体育活动；第三，必须改变过去采用的瑞典、法国、德国式枯燥的训练方法，使不同年龄、性别的人都能参加这项运动，它特别能吸引青年参加。

---

① 谭朕斌. 篮球运动基本理论与实践研究 [M]. 北京：北京体育大学出版社，2007.

在提出这三点要求之前，奈史密斯曾把各种室外运动项目搬进健身房内进行。他试用过橄榄球，但橄榄球猛烈地旋转和变向使其难以在体育馆内坚硬的场地上进行。随后他把足球搬进室内，但也有不少队员受伤，许多窗户玻璃被踢得粉碎。在室内进行曲棍球运动的尝试也失败了，因为受场地限制，学生经常搅在一起用球棍相互击打。奈史密斯先生意识到，要把某一种成熟的运动项目搬进室内，是很难达到理想效果的，只有吸收各项目的一些特点，才能创造出一种受学生欢迎的运动项目。他经过分析发现，已有的项目大多使用球进行活动，而活动时，动作的难易程度与所用的球的大小似乎呈反比关系，即用小球的时候，需要用球棒、球拍等器具间接地控制球；相反，使用较大的球时，可以不需要棒、杖、拍之类的间接物来控制球，而要用脚、手控制支配球，才便于做出各种动作。因此，奈史密斯觉得可以设计一种用手直接控制球的新型运动项目。

奈史密斯想到玛雅人曾发明的一种名叫场地球的球类游戏。球场的形状就像大写英文字母"I"，在一条边墙的上部中点以外的地方砌一个垂直的石圈，比地面高出 25 英尺（7.62 米）左右，石圈中心的洞直径为 9 英寸（22.86 厘米）。比赛时，每一队球员都力图抢到那个具有弹性的橡胶球，并将球弹起击进高出球场地面的石圈洞里才能得分。这大大地启发了奈史密斯。此外，小孩向装桃子的竹筐里扔桃子的游戏进一步启发了他。最早的篮筐是使用装桃子的竹筐悬挂在健身房两侧的栏杆上，离地面 10 英尺（3.05 米）左右，用足球作为比赛用球，投球入篮得 1 分，这是沿用足球的计分方法，按得分多少来决定胜负。原始的比赛，每次投球中篮后要爬梯子上去把球取出来，再重新开始比赛。之后，又将装水果的竹篮子改为铁质篮圈，篮网用绳子编织而成，并在网底连接一条绳子，通过球篮上沿，将投入的球拉出，这样就减少了爬梯子所耽误的时间和造成的麻烦。到了 1893 年，才以带网的铁篮圈代替竹筐。

最早的篮球场地与参加活动的人数并没有统一的规定，队员没有固定的区域和固定的人数，只规定双方参加比赛的人数必须相等。比赛开始时，双方队员跑向场中抢球，持球队员可以抱球跑到篮下投篮。比赛在两个 15 分钟内进行，中间休息 5 分钟，结果以投中球多的一队为胜。如果平局，经双方队长同意，比赛可以延长至谁先命中一球为止。

二、篮球运动的发展

（一）初创试行时期

19世纪90年代—20世纪20年代为篮球运动的初创试行时期。19世纪90年代，篮球运动无明确的竞赛规则。场地大小、活动人数不限，仅在室内一块狭长的空地两端各放一个桃筐，竞赛时把参加者分成人数相等的两队，以横排方式分别站在场地两端界线外。当竞赛主持者在边线中心点把近似现代足球大小的球向场地中心区抛起后，两队便集体奔向球落地点抢球，随即展开攻守对抗，将球投进筐一次得一分，累计得分多者为胜，而每进一球后都需要按开始时的程序重新比赛。

1892年，奈史密斯将比赛场地按照进攻方向分为后场、中场和前场，同时明确了比赛的要求。如不准个人持球跑、限制攻守对抗中队员间身体接触部位等，对悬空的篮筐装置也做了明确规定。不久，他又提出了13条简明但必须严格执行的比赛规则。其中包括：比赛时间分为前、后两个15分钟，期间休息5分钟；比赛结束双方打成平局时，若双方队长同意，可延长比赛时间，先投进球的队为胜；掷界外球规定在5秒钟内完成，超过5秒钟时，裁判可判违规，由对方掷界外球；某一方连续犯规三次，判对方投中一球；可以用单手或双手运球，但不允许用拳击球；不准用手或脚对对方队员进行打、推、拉、拌、捶，违者第一次记犯规，第二次判犯规者停止比赛，直至对方投进一个球后才允许该犯规队员再次进入场地参赛。对故意或具有伤害性质的犯规行为，则取消犯规者该场比赛的资格，而且该队不得换人。

此后，比赛场地由不分区域到逐步增划了各种区域的限制线，如中圈及罚球线，不久又增加了中场线；篮圈也由铁圈取代了其他形式的篮筐；篮圈后部的挡网也换成木质规则的挡板，并与铁质篮圈相连，接近于现代使用的篮板装置。具体为：竞赛开始，由中圈跳球，赛中的队员也开始有锋、卫的位置分工，前锋、中锋在前场进攻，后卫负责守卫本队篮球和把球传给中场和前场的中锋和前锋。至此，现代篮球运动的雏形基本具备。

从1904年第3届奥运会上美国队举行了国际上第一次篮球表演赛至20世纪20年代末，国际虽未有统一的篮球运动规则，但每队上场人数已基本定为5人，进而球场有了电灯泡式的限制区和罚球时的攻、守队员分列的站位线。但是，此时攻守技术简单，仅限双手做几个传、运、投的基本动作，竞赛中以单兵作战为主要攻守形式，战术配合还在朦胧时期。

1891—1920 年，由于篮球比赛的趣味性较强，篮球运动在美国教会学校得以迅速推广。同时，通过基督教青年会组织以及教师、留学生间的交往，在 1891—1920 年，篮球运动随着美国文化和宗教先后传到欧洲、亚洲、澳洲及非洲。

（二）完善、推广时期

20 世纪三四十年代为篮球运动的完善、推广时期。进入 20 世纪 30 年代以后，篮球运动迅速向欧、亚、非、澳四大洲的许多国家推广、发展，篮球技术不断改进，单兵作战的基本形式逐渐被掩护、协防等几个人相互配合的形式所取代。为了推动世界各国篮球运动的发展，1932 年 6 月 18 日由葡萄牙、罗马尼亚、瑞士、意大利、希腊、拉脱维亚、捷克斯洛伐克、阿根廷 8 国的代表酝酿组织，在瑞士的日内瓦成立了国际业余篮球联合会，并以美国大学生篮球竞赛规则为基础，初步制定了国际统一的竞赛规则。如规定每队参赛人数为 5 人；场地上增加了进攻限制区（将电灯泡罚球区扩大为直线罚球区的 3 秒钟限制区）；进攻投篮时，若对手犯规，则投中加罚 1 次，未投中加罚两次；竞赛时间由女子 8 分钟、男子 10 分钟一节，共赛四节改为 20 分钟一节，共赛两节；进攻队在后场得球后必须 10 秒钟过中线，不得再回后场等。1936 年第 11 届奥运会上，篮球运动被列为男子正式竞赛项目，现代篮球运动从此登上国际竞技舞台。

20 世纪 40 年代，随着篮球技术、战术的不断演进、发展，特别是运动水平的提高，高大队员开始涌现，篮球界也对篮球规则进行了充实、修改。例如：严格了侵人犯规罚则和违例罚则；篮板分长方形和扇形两种；球场中圈分为跳圈和禁圈两个圈；球场罚球区的两侧至端线，明确分设了争抢篮板球的队员的分区站位线；等等。这些使篮球技术、战术不断变化和充实，并各成体系地向集体对抗方向发展。到 20 世纪 40 年代末，进攻中的快攻、掩护、策应战术及防守中的人盯人防守、区域联防等战术阵型和配合，已被各国篮球队所运用，篮球运动在国际进入完善、推广的新时期。

（三）普及、发展时期

20世纪五六十年代，篮球运动在世界各地得到普及。特别是随着篮球运动技术、战术的创新发展，规则与技术、战术之间的不断制约和相互促进，篮球运动对运动员的身高也有了要求，高度开始成为现代篮球竞赛中决定胜负的重要因素之一。由此，一种利用高大队员强攻篮下的中锋打法风行一时，篮球运动员选材进入了一个向高大体型发展的新时期。特别是1950年和1953年在阿根廷和智利举行的男、女首届世界篮球锦标赛上，高大队员威震篮坛。国际上开始流行"得高大中锋者得篮球天下"的说法。这些使得篮球规则中增加了在场地和时间上对进攻队的限制。例如：20世纪50年代，篮下门字形3秒钟区域扩大成梯形3秒钟区；一次进攻有30秒钟的限制，以及进入20世纪60年代中期一度取消中场线（60年代末又恢复）；等等。攻守区域的扩大，高度与速度的相互交叉、渗透，使比赛中的速度、技巧、准确性和争夺篮下的优势成为决定比赛结果的重要条件，有力地推动了攻守技术、战术的全面发展。例如，进攻中的快攻、"0"字形移动掩护突破快攻和防守中的全场紧逼人盯人防守，成为当时以快制高、以小打大的重要手段。20世纪60年代末，世界篮球运动开始形成以美国队为代表的高度、速度与技巧相结合的美洲型打法，以苏联队为代表的高度、力量和速度相结合的欧洲型打法，以韩国、中国队为代表的矮、快、灵、准相结合的亚洲型打法，篮球运动跨入普及、发展的新时期。

（四）全面提高时期

20世纪七八十年代为篮球运动的全面提高时期。进入20世纪70年代以后，身高2米以上的队员大量涌现，篮球竞赛空间争夺越发激烈，高度与速度的矛盾更加尖锐，高空技术的发展和占有高空优势显示着实力，篮球竞赛名副其实成了巨人的"空间游戏"。为此，规则对高大队员在进攻时有了更多的限制和要求，这有利于调动防守和身高处于劣势队员的积极性。随之，一种攻击性防守——全场及半场范围内的区域紧逼人盯人防守和混合型防守战术展现出新的制高威力。1973—1978年，竞赛规则中又多次调整了犯规次数，增设了追加罚球的规定，促使防守与进攻技术在新的条件制约下，向既重高度、速度，又重智慧、技巧、准确、多变的方向发展。这些表现为：进攻中全面的对抗技术、快速技术、高空技术结合得更加巧妙；传统的单一型的攻击性技术、机械的战术配合和相对固定的阵型打法被全面化、整体性、综合性频繁移动中穿插掩护的运动中打法所取代；防守更具破坏性和威胁力。尤其自1976年第21届奥运会篮球赛（女子篮球被正式列为奥运会竞赛项目）和1978年第8届男子世界篮球锦标赛后，篮球运动高身材、高技巧、高速度、多变化、高比分的特点越发突出，特别是高空技术有了进一步发展。这一趋势和特点到20世纪80年代则更为突出和明显。为此，20世纪80年代中期，国际篮球联合会又对篮球竞赛规则中有关进攻时间、犯规罚则进行了修正，规定了远投区，增加了3分球规定等。

（五）创新、攀登时期

进入20世纪90年代以后，国际奥委会允许职业篮球队员参赛，给世界篮球运动开创了新的发展渠道和方向。1992年，在西班牙巴塞罗那举行的第25届奥运会上，以美国"梦之队"中的超级球员乔丹、约翰逊等为代表表演现代篮球技艺，将这项运动的技艺表现得更加充实、完善，战术打法更为简练、实用。随着苏联、南斯拉夫、巴西等欧美地区篮球竞技水平的迅猛提高，形成了美、欧两大洲对抗的格局。从此以后，世界篮球运动发展跨入了集创新、攀登、机智化、技艺化于一体的新时期，标志着现代篮球运动整体结构、优秀运动队伍综合智能结构，以及运动员的体能、智能与掌握、运用篮球技术、战术的能力结构发生了质的变化。

1994年后，国际篮球联合会因运动员制空能力增强、空间拼抢激烈，对篮球竞赛规则又进行了一些修改，使比赛空间争夺更安全、更合理、更具观赏性，并将篮板周边缩小，增加保护圈。1999年12月，又决定在2000年奥运会后实行某些新的规定，即比赛分为4节，每节比赛时间10分钟；每队每节如达4次犯规，以后发生的所有犯规均要处以两次罚球；两节比赛后中场休息15分钟；首节与第2节之间、第3节与第4节之间休息两分钟；首节、第2节、第3节每队只可暂停1次，第4节可以暂停两次；球队每次进攻的时间从30秒钟缩短为24秒钟；球进入前场的时间限制为8秒钟；奥运会和世界锦标赛可以实行三裁判制度等。现代篮球运动，无论是男子篮球还是女子篮球，今后都将向着智、高、快、全、准、狠、变和技术、战术运用技艺化的方向发展，形成高度技艺性、文化性、观赏性、商业性的发展趋势。

由此可见，现代篮球竞技运动的形成是有阶段、有层次，从低级向高级逐步演进的。其发展线索为：某一个国家的地方性游戏→区域性文化活动→竞技性项目→世界范围的体育文化现象→体育科学的一个分支。

第二节 篮球运动的特点与发展趋势

一、篮球运动的特点

（一）集体性

在篮球运动中，任何技术、战术行动的顺利实施与出色完成都需要队员之间的集体协同配合。所以每位队员的积极主动性和全队行动的协调一致性都非常重要。只有全队团结一致，精神集中，将集体的技能与智慧充分发挥出来，才有可能获得良好的成绩，这体现了篮球运动的集体性特征。

（二）对抗性

篮球运动是一项对抗性运动，队员之间直接发生身体接触，攻守的强对抗是篮球的基本特征与规律。篮球的对抗性从诸多方面表现出来，如无球队员之间的对抗、双方意志品质和心理素质的对抗、争夺篮板球的对抗等。正因为篮球运动具有对抗性，所以才能对人的竞争能力与意识进行培养。

（三）多元性

篮球运动作为一门体育学科课程，具有较强的交叉性，发展方向越来越多元。篮球运动的发展对运动员的身体形态条件、生理机能水平、运动素质、心理品质、个性气质、运动意识、团队精神、道德作风、专项技能与实战能力等提出了较高的要求，这也是篮球运动多元性的体现。

（四）变化性

篮球运动的进攻与防守转换非常迅速，几乎发生在一瞬间，所以比赛节奏非常快，观众也处于全神贯注、心理紧张的观赏状态，这反映了篮球运动的巨大魅力。另外，篮球比赛变化多端，运动员如果只用一种固定打法，不随机应变，是无法取得优势的,各队都必须根据赛场上变化莫测的情况灵活应对,不断调整打法,这是篮球运动变化性特征的又一体现。

(五)综合性

篮球运动技术丰富多彩,在实战中很少使用单一技术,大都以组合形式来应用,再加上赛场上的情况复杂多变,所以组合技术的应用也是多样化的,具有随机性。此外,篮球运动涉及经济学、教育学、社会学、管理学等学科,可以说是交叉的边缘性学科,这就要求教练员充分掌握科学化的训练手段,具有良好的管理能力与临场指挥技能,也就是综合素质要较强。这体现出篮球运动是一项综合性运动。

(六)教育性

从篮球运动的发展历史就能够看出其蕴含的教育内容非常丰富,这项运动不仅能够提高人的身体素质,丰富社会文化生活,促进社会交往,还可以增强国民的自尊心与自信心。

另外,篮球运动员之间的统一行动、相互配合是以各自积极的道德情感作为基础的,强烈的责任感与荣誉感是团队并肩作战的重要精神支柱。所以,篮球运动可以培养人良好的道德品质和集体主义精神,促进正确道德价值观的形成与升华。

(七)职业性

随着世界各国职业篮球俱乐部的不断建立、篮球竞技水平的持续提高及竞赛规则的不断完善,世界篮球运动飞速发展。篮球运动员体能、智能及技能的提高对于篮球运动的职业化发展进程起到了重要的催化作用。今天,全球职业化篮球已发展成为一项新兴体育产业,篮球运动的职业性越来越突出。

(八)商业性

随着篮球运动职业化发展进程的加快,篮球职业联赛也广泛开展起来,职业联赛的开展又对篮球运动进入商品化、商业化发展轨道具有重要的推动作用。篮球运动的商品化发展促进了篮球器材、运动服装等相关商品的开发,从商业角度来看，篮球运动员的技能也是商品，以营利性操作与经营为主的俱乐部不断增加。

二、篮球运动的发展趋势

（一）球队的"大型化"与球员的全面化

1. "巨人的游戏"

从世界篮坛的发展历史来看，随着篮球运动不断的发展和创新，球队越来越"大型化"，真正证明篮球运动是"巨人的游戏"，注重运动员身高、体重的均衡化。

从目前来看，排名在世界前列的男篮球队平均身高为2～2.06米，排名世界前三的女篮球队平均身高为1.8～1.85米。

篮球运动员的身材特点是身材高大，胸廓大，手脚面积大，四肢修长，臀部较小，踝围小，优秀的身体条件是运动员在场上自如运用技术的基础。

2. 全面的个人技术

所谓全面的个人技术，泛指运动员具备所有与篮球相关的技术能力，即十八般武艺样样精通。简单来说，全面的篮球运动员要有以下能力。

①无球移动技术，包括跑动、空切、起跳、急起急停、前后转身、闪躲、腾空滞空等动作，要做到快速灵活。

②持球技术，包括投篮、切入、突破分球、突破上篮、背打、抢进攻篮板等，要较为熟练。

③防守中快速移动，积极拼抢，紧贴盯防球员，给进攻球员施加一定的压力，有效降低对方的投篮命中率。

3. 位置区分更加模糊

从近年来的职业比赛中可以看出，篮球运动员的位置区分越来越模糊，优秀球员往往能胜任多个位置。对场上5名球员的位置进行区分，可以界定为中锋、大前锋（也被称为二中锋）、小前锋、攻击后卫（也被称为得分后卫）和组织后卫（也被称为控球后卫）。篮球运动在现代的快速发展，促使传统意义上的位置区分越来越不明显，目前已经没有绝对的位置区别。如果球员的特点过于单一，只能担当一个位置的话，就会在与更加全面的球员的竞争中处于下风，不会得到教练的青睐，难以有更多的上场时间。

4. 身体素质与机能更加出色

纵观世界篮坛，优秀运动员几乎都有着出众的身体素质，简单来说体现在以下三个方面。

首先，体现在他们视野宽广，反应迅速。其次，心肺功能良好，能够适应长时间、高强度的对抗，保持旺盛的精力。最后，身体素质综合发展，包括耐力、弹跳、力量、灵敏、速度、协调性、柔韧性等素质，重点突出身体协调性和力量素质。

（二）进攻速度加快，节奏分明，更具时效性

1. 快攻的作用更加明显

提高移动速度，加快进攻节奏，以最快的速度完成得分，这就是所谓的"快攻"。快攻是每支球队最常用的，也是必须掌握的一种进攻手段。采取快攻要有两个基本前提：第一个前提是本队在后场篮板方面有绝对优势，可以形成很好的控制；第二个前提是采取富有侵略性的防守迫使对方失误，抢断后就地发起快攻。

快攻往往是在短时间内趁对方立足未稳，迅速发起潮水般的进攻，打得对手猝不及防，不仅让本方快速得分，而且能提高本队士气，给对方带来心理压力。

2. 注重进攻的节奏性

在比赛中，节奏的掌控对球队的进攻有很大影响。事实证明，快攻虽然有其优点，但也有不足之处。比如，一直提高进攻速度会导致短时间体能的大量消耗，体能下降后如果进攻还不降速，就很容易出现失误。为此，要确立"该快则快，不该快就要打阵地进攻"的战术方针。

在篮球场上，"球权"显得十分重要，所谓"球权"，就是本队控制住球，以获得更多攻击篮筐的机会。从某种意义上来讲，比赛结果的决定因素主要看谁犯的错误少，谁的失误少，谁就更有希望获胜；谁的成功率高，谁的得分自然就高一些。所以，如今世界高水平球队的进攻节奏具有的特点是快而不乱，快中求准，慢而不死，慢中求变。

3. 攻守转换更加迅速

在比赛中，防守方通过利用各种机会抢下球权快速发动快攻，以及进攻方建立起的失球地就地防守理念，促进了篮球运动中攻守的快速转换。在攻守交接中，各种技术的衔接不仅连贯协调，而且灵活多变、快速及时。

（三）对抗性增强，技术、战术、身体、心理和智力融为一体

现代篮球比赛中，大部分持球技术都是在高对抗的环境下运用的。在高对抗下，打好篮球要从以下 8 个方面入手。

①发挥思维能力，用头脑与智慧打球。

②熟知篮球运动规律，掌握篮球比赛的制胜因素。

③做到扬长避短，出奇制胜。充分发挥出本队球员的特长，同时尽量限制对方的技术特点发挥。

④适应对手的打法，提高环境适应能力，善于变化，运用多项技战术，做到"兵来将挡，水来土掩"。

⑤具有顽强的意志品质，不论落后多少，局势有多艰难也要充满信心，做到不急不躁。

⑥行动果断，情绪稳定，该出手时就出手。

⑦胜不骄败不馁，在大比分领先时心态不放松，心理不起变化。

⑧在激烈的对抗中克制好情绪，不要急火攻心，要与对手斗智斗勇。

（四）进攻更加多变，防守更具侵略性

1. 主动求变是制胜的根本

篮球比赛的精髓是变化，有变化则主动，无变化则被动。主动变化的原则集中体现在以下方面。

首先，技术运用要随机应变。篮球技术是相对固定的，有着严格的规范和标准，但技术的运用则是不固定的，要根据对手和环境的不同而灵活运用，灵活运用的前提是运动员要有高超的技术能力和球商。

其次，战术运用要灵活多变。篮球比赛有着多种战术，每种战术有着自己的固定流程，但在实战运用中应根据对手的不同灵活安排。在对对手情况有一个大

概了解的基础上，部署具有针对性的攻防战术，做到以我为主，用自己的长处去攻击对方的短处。掌握时机，主动求变，经常改变攻防节奏、攻防阵型和阵容配备，让对手感到不适，从而使自己掌握比赛的主动权。

最后，要打出更具观赏性的进攻。精彩的篮球比赛能吸引更多人的关注，受到更多球迷的喜爱，这是推动现代篮球社会化、市场化和产业化的关键。篮球运动形式体现的哲学与美学特点，使篮球运动具有无穷的魅力。

2. 贴身紧逼，主动进行压制

在对抗中，防守队员要做到对盯防人若即若离，当对手运球时要紧贴防守，卡住线路与身位，主动发力对抗，给持球人施加压力，同时要做到全力以赴，坚持到底。

3. 以球为主，人、球、区、时兼顾

篮球比赛中，不论安排什么样的防守阵型与战术，只要对方把球传出来，防守方的 5 名球员必须在严密控制盯防对象或盯防区域的情况下，向有球方向靠拢。此外，时间因素也相当重要，单回合进攻所剩时间越少，防守就应该越严密，形成人、球、区、时兼顾的多空间立体防守体系。

4. 防守战术的多变性

多种防守阵型的综合运用能给对手的进攻带来不适应，往往能使防守更加主动，防守效率的提升还能对进攻产生带动作用。防守战术的灵活多变可以是防守形式的改变，也可以是防守区域的变化。防守形式包括盯人防守和区域联防，区域联防能改变成 2—1—2、3—2 及 1—3—1 等；区域上的防守位置可以改变为全场的、3/4 场的、半场的或 1/4 场的；变化信号可以用手势来布置，也可以用语言来传达。

5. 加强整体协同防守的意识和配合

现代篮球比赛中，对一对一的攻防进行对比，结果是进攻成功率远高于防守成功率，也就是说，一对一防守时很难防下来，因此加强整体协同防守的意识和配合是提高防守质量的关键。

常用的防守配合包括防掩护用假换防抢前堵截，防突破用关门复位或补防轮转，防强力中锋用包夹、围守等方法。

第三节　我国高校篮球运动发展情况

一、我国高校篮球教学的发展

随着篮球运动的不断普及，高校篮球教学也获得了一定的发展。纵观我国高校篮球教学的发展，可以大致分为三个阶段。

（一）初步建立体系并普及的阶段

1949—1965年是我国高校篮球教学发展的第一个阶段。随着中华人民共和国的解放，体育事业也开始逐渐发展起来，我国政府也开始重视体育事业的发展。20世纪50年代初，为了响应党和政府提出的"发展体育运动，增强人民体质"和"身体好，学习好，工作好"的号召，我国教育部门通过一系列的决策和措施，使篮球运动逐渐成为各级学校的重要体育教学内容，并列入教学大纲。这一时期，学校篮球教学得到了一定程度的普及和发展，具体来说，主要体现在两个方面：一方面是在体育课上安排了篮球教学的内容，另一方面则是自发组织开展校内外篮球竞赛活动。

（二）迅速复苏与全面提高阶段

1979—1995年是高校篮球教学发展的第二个阶段。这一时期，学校篮球教学开始迅速复苏，这主要是由于相关政策和措施的贯彻与实施。在1979年公布施行的《全国学生体育运动竞赛制度》中，明确地将篮球列为重点项目；在1985年年底下发的《关于开展课余体育训练，提高学校体育运动技术水平的规划》中，将篮球教学确定为该文件的一个重要内容。同时，随着篮球教学发展的逐渐复苏，也在很大程度上对课余篮球训练、竞赛的发展起到了积极的推动作用。1983年出台的《体育传统项目学校试行办法》里，有相当部分内容对篮球传统学校的发展进行了进一步的规范。篮球传统学校的良好建设与发展，也在一定程度上对篮球运动发展起到了积极的促进作用，不仅对基层篮球运动的发展起到了良好的推动作用，还为高校篮球运动提供了非常好的发展机会。

（三）不断改革与创新阶段

1996年至今是高校篮球教学发展的第三个阶段。这一时期学校篮球教学改革创新主要体现在高校篮球竞赛的发展上，其中主要的竞赛有三人篮球赛、全国大学生篮球联赛、全国大学生运动会篮球比赛、大学生男子篮球超级联赛等。随着篮球运动的不断发展，人才培养模式也得到了进一步的优化，其中，最具有代表性的就是"CUBA"，这是一种以体校、小学—中学—大学为主线的新的发展形式，这一发展形式开创了我国篮球竞技的人才培养模式，不仅对体育和教育的有机结合起到了积极的推动作用，还标志着一种新的校园体育文化建立起来了。

二、我国高校篮球教学的改革进程

（一）高校篮球教学改革的社会背景

我国高校篮球教学改革的社会背景主要有两个方面：一个是20世纪80年代以前一直沿袭的比较落后的教学体系；另一个则是20世纪80年代以后各方面全面发展的需要。

20世纪80年代以前，由于我国篮球运动教学体系没有较为独立的发展，有很多方面都是借鉴、参考苏联早30年的一些构架，该国传统的体育教学论和教育学专家的教育学理论是主要的理论基础。虽然我国篮球界的一些学者也对我国的篮球教学体系进行了补充和完善，包括教学目标、教材内容、教学模式、教学方法、教学组织以及教学的评价等，但始终没有从实质上摆脱原本的理论框架，因此，其变革的意义也就微乎其微了。除了以上原因外，20世纪80年代以前我国与国际社会的联系较少，交流也相对较少，这就导致了对于国外新的技术信息很难获得，再加上当时受到故步自封的思想观念的影响，体育教育界也不同程度地存在着一些思想桎梏，这就对高校篮球教学状态的发展和优化产生了一定的阻碍作用。

20世纪80年代以后，随着改革开放的大力实施，经济建设获得了较大的发展，科学技术也有了一定程度的提高，各行各业蓬勃发展，当然，篮球运动方面也获得了一定的发展，一些思想桎梏和落后观念也有了较大的突破和发展。这些都为高校篮球教学的改革奠定了基础。在学校教育改革过程中，人们也不断对世界篮球运动水平较高国家的理论、技术与战术进行积极的学习和吸收，使得思想和理论研究方面都有了较大程度的发展和进步。需要特别指出的是，随着学校教育的改革，篮球教学领域也开始逐渐将各国现代教育和教学思想大量地引进来，通过结合我国国情和教学现状，经过我国教育界和体育界众多专家、学者以及体育教师的研究和讨论，将不符合我国国情的部分舍弃掉，吸取其较为先进、有用的部分，从而使先进的理论知识与实践需要有机地结合起来，更好地提高了高校篮球教学的质量和效率。使许多先进的教学理论运用于篮球教学实践，篮球教学的质量和效率显著提高。

（二）高校篮球教学改革的内容

由于高校篮球教学实践中的弊端存在已久，必须通过改革将这些弊端清除掉，才能够使教学工作的效率有进一步的提高，这也是我国篮球教学改革的核心任务。那么，改革的内容有哪些呢？根据我国篮球教学的具体情况，可以总结出改革的主要内容包括：教学思想、教学观念、教学内容、教学模式以及教学方法这几个方面，具体如下。

1. 教学思想和教学观念

篮球教学改革的实施必须有一定的理论指导，这主要是由于篮球教学改革是理论与实践相结合的科学探索过程。教学观念不仅是教学的理想和信念在人们头脑中的反映，而且还是对教学进行理性思考的结果，因此，又被称为教学理念。人们受到客观条件、思想观念以及知识体系等因素的影响，教学理论和思想观念也有一定的差别，因此，必将对教学过程产生不同的认识和看法，从而使教学目的观、过程观和质量观的形成也产生了一定的差异，对篮球教学的实践行为有着非常直接的影响。由此可以看出，教学思想观念的变革是篮球教学改革实践活动的重要指导，意义重大。

通过对篮球教学思想和教学观念改革的大量深入研究，得出高校篮球教学思想和教学观念的内容主要有以下3个方面。

（1）篮球运动规律的理论

篮球运动规律的理论主要包括篮球运动观和篮球技术技能观两个方面，新的篮球运动规律的理论对整个篮球教材体系的革新起着积极的推动作用，这样就能够优化构建的教材体系，并且使之与篮球运动的规律更加相符。篮球运动规律的理论是关于对篮球运动规律的再认识，对于篮球教材的体系能否适应篮球运动的发展趋势起着非常关键的决定性作用。

（2）篮球教学过程中师生之间"教"与"学"的相关活动

所谓的篮球教学过程中师生之间"教"与"学"的相关活动是指对篮球教学主、客体关系及教学过程的再认识，对于学生学习的动机和积极性有很大的影响和作用。从新的教学观的角度来看，在高校篮球教学活动中，学习的主体是学生，而教学过程的主导则是教师和教练员。要想使教学质量有一定程度的提高，就必须将主体与主导之间的关系处理好。

（3）篮球教学过程中篮球技能习得规律的理论

对篮球技能性质和习得规律的再认识，就是所谓的篮球教学过程中篮球技能习得规律的理论，它对教学效率和教学过程的组织有一定的影响和作用。对篮球教学过程中篮球技能习得规律的理论研究有很多，但大多数研究的内容都涉及传统的篮球教学方法，这些研究都尝试性地以现代科学研究成果这一依据来对篮球技能学习的本质进行理解和认识，并且根据教学的效率和质量的提高这一理论来使新的篮球教学方法和模式得以建立起来，从而使得高校篮球教学的质量和效率不断得到提高。

2.教学内容、教学模式与教学方法

许多改革方案要想能够更加科学、合理地组合创建传统的篮球教学内容和教学方法，要符合两个方面的条件：一个是要以现代教学思想和教学理论维护为依据，另一个则是要与新的篮球课程教学目标与对象的特点有机地结合起来，这样就能够使篮球运动的规律得以充分体现，与学生习得篮球技能的规律也更加吻合。如果改革方案做得好，就有可能达到提高教学质量的目的。

在我国篮球教学改革的实践中，与篮球教学方法改革相关的研究有很多，都比较先进，但是，也有比较滞后的，如与教材内容改革相关的研究。在现今科学技术和新的教学理念的冲击下，我国篮球教学内容的落后性和弊端也越来越凸显了出来，因此，教学内容方面的改革也就被提上了日程。首先，是对篮球运动规律的研究和改进，篮球教材体系中增加了篮球运动员的基本功、篮球运动员的科学选材、篮球意识的培养、篮球比赛的攻守转换等方面的内容，这些新的篮球教学理念为我国篮球运动的发展起到了积极的推动作用。其次，是对篮球教材中技术分类的研究和完善，当时部分学者提出了重新科学构建篮球教材技术分类体系的研究命题，这对于篮球运动的发展来说也具有重要的意义。

另外，篮球教师的科研命题还有一个，就是非常重要的关于教学手段的研究。对于教学手段的研究，其研究动向表现出了三个较为显著的特点：首先，继承性与创新性相结合，只有继承了前人的成功经验，才能够在此基础上进行改进，换言之，就是肯定传统教法的可取之处，然后对此进行有创造性的改进；其次，综合性与实践性相结合，具体来说，就是将研究的重点由教学的某一点转向全方位，其中，对篮球教学过程组织最优化的研究就充分体现了这一特点；最后，科学性与先进性相结合，高科技电化手段大量进入篮球运动的教学领域，使篮球教学的可利用资源得到了极大的丰富。

（三）高校篮球教学改革取得的经验及注意事项

高校篮球教学改革一直在进行，并且受到多方面的支持。在不断的改革和研究中，我国高校篮球教学改革工作已经取得了初步成果。通过与改革实践相结合，得出了以下5点宝贵的经验以及需要注意的相关问题。

①必须从篮球运动规律和篮球教学理论研究的角度出发来进行篮球教学改革，通过学习研究教育教学的科学理论将改革的基本依据确立下来，树立现代教学观念和思想，从而使改革成为自觉的行动。

②进行篮球教学改革的主要目的是更准确和更深刻地认识篮球教学的规律，进一步提高教学的质量和效益，而不是标新立异，只讲求形式。

③进行篮球教学改革要与教学的具体情况相结合，把改革作为篮球教学训练的经常性工作。这主要是由于篮球教学改革是一个边实践边探索的研究过程。

④在篮球教学改革的过程中，要使成果的开发应用研究得到加强，并且大面积地推广和应用来自改革实践的理论成果。

⑤在篮球教学改革的过程中，要客观地分析篮球教学实践多年来存在的弊端，以达到兴利除弊的目的，通过不断地创新来推动篮球运动的发展。

第四节 世界重大篮球赛事简介

国际上的重大篮球竞赛活动除奥林匹克运动会篮球赛和世界篮球锦标赛以外，还有传统性的欧洲、亚洲、非洲、南美洲、中美洲、欧美运动会等地区性的篮球赛，以及世界大学生、中学生运动会篮球赛，世界军队和世界俱乐部篮球锦标赛等。

一、FIBA（国际篮联）重大赛事

（一）世界篮球锦标赛

男篮比赛始于1950年，每4年一次，参加比赛的队数和选拔办法经常变更。例如1986年的第10届锦标赛共有24个队参加，1990年的第11届锦标赛只有16个队参加。女篮比赛始于1953年，1967年后定为每4年举行一届，参赛队数为14个。

（二）奥运会篮球比赛

1936年，男篮被列为奥运会正式比赛项目；1976年，女篮也被列为奥运会正式比赛项目。此项赛事随夏季奥运会每4年举行一次，男女参赛队各12个。

（三）世界青年男女篮球锦标赛

世界青年男篮锦标赛始于1979年，世界青年女篮锦标赛始于1955年，均各有14个队参加，每4年举办一次。

二、国外著名职业联赛

（一）美国职业篮球联赛

美国职业篮球联赛"NBA"（全称National Basketball Association），简称"美职篮"。NBA是美国第一大职业篮球联赛，也是公认的世界上最高水平的篮球赛事，转播信号覆盖全球。其中，产生了威尔特·张伯伦、奥斯卡·罗伯特森、迈克尔·乔丹、科比·布莱恩特、勒布朗·詹姆斯、沙奎尔·奥尼尔、蒂姆·邓肯等篮球巨星。该协会一共拥有 30 支球队，分属两个联盟：东部联盟和西部联盟；而每个联盟各由 3 个赛区组成，每个赛区有 5 支球队。30 支球队当中有 29 支位于美国本土，另外一支来自加拿大的多伦多。

（二）欧洲篮球联赛

欧洲篮球联赛，原名"欧洲篮球冠军杯"，是欧洲最大规模的跨国男子职业篮球联赛，创立于 1957 年，现有来自欧洲 18 个国家的 24 支球队参加。欧洲篮球冠军杯原由国际篮球联合会举办，但在 2000 年，一些顶级欧洲篮球俱乐部自行成立了欧洲篮球联赛联盟（ULEB），接管了欧洲篮球冠军杯，迫使国际篮联另行举办 FIBA 超级联赛，导致欧洲篮坛出现分裂，次年产生两个冠军。2001 年，国际篮联同 ULEB 妥协，将超级联赛并入冠军杯，改名为欧洲篮球联赛。此后，国际篮联专职组织国家队比赛，退出俱乐部比赛组织活动。

三、国内重大篮球赛事

（一）中国男子篮球职业联赛

中国男子篮球职业联赛（CBA）是由中国篮球协会所主办的跨年度主客场制篮球联赛，简称"中职篮"。

CBA 自每年的 10 月或 11 月开始至次年的 4 月左右结束，长度和美国的 NBA 相仿。2001 年曾吸收了中国台湾地区的新浪狮队，2002 年，香港地区的香港飞龙队也曾参加联赛，但一年之后，这两支球队都退出 CBA 联赛。CBA 从 2004 年开始取消升降级制，并在 2005 年开始转而采取准入制。2007 年，联赛的队伍扩充到了 16 支；2008 年，扩充到 18 支；2009 年，球队数目调整为 17 支。2005 年开始，中国篮球甲级联赛正式更名为中国男子篮球职业联赛，联赛的规模、管理、运作和受关注程度都堪称是中国最好、最规范的职业联赛，同时也是亚洲地区水平最高的篮球联赛。

（二）中国女子篮球甲级联赛

中国女子篮球甲级联赛（WCBA）是由中国篮球协会主办的女子篮球联赛。联赛分两个阶段进行：常规赛阶段采用主客场双循环比赛的办法，按积分排出12个队的预赛名次；季后赛阶段是常规赛前8名进入季后赛，前4名顺序自行选择对手，1/4决赛和1/2决赛进行主客场制3战2胜交叉淘汰赛；总决赛进行5战3胜制比赛。预赛9~12名不再进行第二阶段比赛，以预赛成绩排定名次，最后两名直接降为乙级队。

（三）中国大学生篮球联赛

中国大学生篮球联赛（CUBAL）是中国篮球协会主办的高校间篮球联赛，其宗旨是"发展高校篮球，培养篮球人才"，参照美国的NCAA（全国大学体育协会）高校篮球联赛模式。本赛事从第25届开始英文简称改为CUBAL，CUBAL于1996年开始酝酿，1997年建立章程，1998年开始正式推行，设男子组和女子组。目前，CUBAL的影响力仅次于中国男子篮球职业联赛。

中国大学生篮球联赛是中国历史上第一次面向社会、面向高校的大学生专项运动联赛，在1996年由中国大学生篮球协会与杭州恒华（国际）集团有限公司联合推出。

CUBAL联赛共分为四个阶段：预选赛、分区赛、十六强赛和四强赛。预选赛：比赛地点由主办单位与承办单位协商确定。分区赛：承办单位（比赛地点）由参赛的会员院校提前一年申办，经CUBAL组委会评议后选定。基本上按照地域关系，全国共分东南、西南、东北、西北四个赛区。十六强赛：承办单位（比赛地点）由参赛院校申办，经CUBAL组委会评议后选定。四强赛：承办单位（比赛地点）为符合条件的参赛院校。

（四）中国大学生篮球超级联赛

中国大学生篮球超级联赛（CUBS），简称"大超联赛"，是由中国篮协和中国大学生体育协会创办的一项由官方举办、推广的高校篮球赛事，于2004年6月1日在北京成立。大超联赛的任务是为今后国家组队参加"世界大学生运动会"输送人才，为CBA各专业队直接输送人才。

CUBS 和 CUBAL 在参赛队员资格上有着本质区别。CUBAL 不允许在中国篮协注册的专业运动员参赛，参赛队员必须是通过国家正规考试的全日制在校大学生；CUBS 则向在中国篮协注册的专业队员敞开了大门，各高校在引进专业运动员上有了较大的运作空间，与赛季时间没有冲突的 CBA 球员、青年队球员只要入学手续完备、年龄适合并能提供"在校在读"的证明就可以参赛。

第二章　高校篮球运动教学概述

近年来，篮球运动成为重要的学校教学内容，促进了学生的身心健康和全面成长。本章内容为高校篮球运动教学概述，阐述了高校篮球运动教学的原则与方法、高校篮球运动教学的目标和内容、高校篮球教学现状及存在问题。

第一节　高校篮球运动教学的原则与方法

篮球教学是教师组织学生进行篮球运动实践的特殊的教育认知过程。通过篮球教学过程实施对学生全面的素质教育，使学生更深入了解篮球运动的相关知识，掌握篮球运动的方法和技能，进而把篮球运动作为终身体育锻炼、增进健康的方法手段。然而这一特殊的认识过程本身又有其固有的规律，篮球教学只有遵循这些基本规律，才能达到理想的效果。

一、高校篮球运动教学的原则

教学原则是教育客观规律在教学过程中的反映，是在长期教学实践中积累起来的具有普遍指导意义的经验总结和概括，是教学过程中必须遵循的准则。在篮球教学过程中，具体表现为教师应按照篮球教学计划，有目的、有组织、有系统地进行教学，同时紧密结合学生自身的特点以及篮球运动的特点，在启发式、讨论式等教学形式的基础上因材施教。篮球教学中主要运用的教学原则有以下三个。

（一）自觉积极性原则

自觉积极性原则是指在教学过程中，教师通过各种措施，激发学生自觉学习篮球运动知识的欲望和练习的积极性,从而发挥学生的主动性和创造性。为此,应注意以下5点。

①加强思想教育,使学生明确学习目的,端正学习态度,树立勤奋学习的决心,培养他们顽强拼搏、团结互助的良好学风。

②根据教学任务和具体条件,严密组织整个教学流程,科学地安排各种技能的学习顺序,使学生充分理解每个技战术的要领、用途、运用时机和动作的变化等,提高学生学习的积极性。

③积极引导学生多动脑,勤思考,提高学生主动、自觉分析问题和解决问题的能力。

④在教学过程中,多鼓励和表扬学习认真并喜欢钻研的学生。

⑤积极钻研教材、教法,注意教材内容的多样性、系统性和实用性,并适当增加一些竞赛性的内容,以提高学生的学习兴趣。

(二)循序渐进原则

循序渐进原则是指篮球教学的内容、方法和运动负荷的安排必须符合人的认知规律、符合动作技能形成规律和人体生理机能活动变化规律,真正做到由易到难、由简入繁、逐步深入、不断提高。为此,应注意以下4点。

①在安排教学内容、组织教法时,一般应遵循由浅入深、由易到难,由已知到未知不断递进的原则。同时,还应注意易与难、简与繁、浅与深的结合,对易和难、简和繁、浅和深的把握应结合学生的特点和现实条件全面考虑。

②教学方法要结合篮球运动的特点,注意教学过程的连贯性和实效性,及时变换教学步骤,使学生由了解到理解,由掌握到运用,逐步提高。

③全面系统与重点突出相结合。对篮球教学内容以及教学活动各个环节的安排,既要考虑到系统连贯,但又不能等量齐观、平均分配,而应抓住其关键的内容,重点地进行教学,以突出重点带动全面。

④运动负荷要由小到大,有节奏地合理安排。随着运动技术、技能的不断熟练,可以逐步增加运动的强度和负荷量。

(三)巩固提高原则

巩固提高原则是指在篮球教学中,以实际应用为最终目的,在学生牢固掌握篮球技战术的基础上再给予一定程度的提高，真正实现从量变到质变的原则。为此，应注意以下 3 点。

①在教学过程中要有计划地安排作业，使已经学习的内容能够得到及时复习，尤其是对于教材重点、关键技术还要适当增加复习时间。

②增加训练时间和练习密度。根据课的任务和要求，在教学过程中尽可能增加学生练习的次数和练习强度，并适当安排教学比赛，提高学生篮球技战术的运用能力。

③紧密结合时代发展的步伐，注重知识的更新，不断改进教学方法，甚至创造新的教学方法，使教学内容、方法、手段更具科学性和先进性，更好地促进学生的提高。

尽管上述各教学原则具有相对的独立性，但是它们并不是孤立存在的。它们相互联系，相互促进，共同作用于整个教学过程。只有全面综合地运用各个教学原则，发挥教学原则的整体功能，才能顺利解决教学过程中的一系列问题，更好地指导教学实践。

二、高校篮球运动教学的方法

教学方法是指在教学过程中，教师和学生为实现教学目的、完成教学任务而采取的"教"与"学"相互作用的活动方式，是教学过程整体结构中的一个重要组成部分。教学方法如何选择直接关系到教学工作的成败。在篮球运动教学中，常用的教学方法有以下三种。

（一）学习指导法

篮球教学中的学习指导法，是指在教师指导下学生学习的方法。主要包括语言法、直观法、预防与纠正错误法等。

1. 语言法

语言法是运用各种形式的语言指导学生学习的方法。在篮球教学中，语言法的正确使用对顺利完成教学目标，提高教学效能有重要的意义。首先能使学生明确学习目标、激发学习动机、实现师生互动；其次又可启发学生的积极思维，加深对教材的理解；最后，还有利于培养其分析问题和解决问题的能力。

（1）讲解

篮球教学中讲解的要求如下。

①讲解目的明确并具有教育性。

教师讲什么？讲多少？怎样讲？都要根据教学的具体目标、内容、要求、教学进程以及学生的实际，有的放矢地进行讲解。

②讲解要生动形象、简明易懂。

讲解时要正确使用体育专业术语，广泛采用比喻、口诀、概要等形式生动形象地进行讲解。要注意突出教学的重点、难点、关键，要口齿清楚、用词贴切，层次分明并符合学生的接受程度。

③讲解要富有启发性。

讲解时教师要善于设问质疑。可通过提问、引导、联想等方式使学生积极思考，让学生将看、听、想、练进行有机结合，以取得良好的讲解效果。

④讲解要注意时机和效果。

不同的教学阶段、不同的学生、不同的教材，讲解的方式和时机有所不同。例如课的开始，教师宣布课的教学目标、内容时，语言要精练、果断；在分析动作要领时，对技术的重点、难点可通过手势、语气以及语调的变化，加以强化。

⑤注意精讲多练。

在教学过程中应根据实际需要判断和运用讲解，该讲则讲，能少讲不多讲，把更多的时间留给学生自己主动地去学习、练习和体验。这就要求教师除了抓住重点和关键以外，还要放手让学生自己去探索和尝试。

（2）口令和指示

口令和指示是教师以最简明的语言，以命令的方式指导学生学练的一种语言法形式，如在队伍的调动、队形的变换时经常采用口令和指示。教师在运用口令指示时，要声音洪亮、节奏分明、发音准确有力。

（3）口头评定

口头评定是指教师根据教学目标和要求，以简明的语言评价学生学练效果、成绩和行为的一种语言法形式。例如学生在练习过程中或练习之后，教师的"很好""有进步"等一句话评价。这种口头评定有利于激发学生的学习兴趣，使学生及时了解自己的不足,提高学习效率。教师在运用此法评价学生时,要准确及时,以鼓励为主,并注意指出学生的主要缺点和不足。

2. 直观法

(1)动作示范

动作示范是指以自身的动作示范给学生观摩,指导学生进行学习的一种方法。动作示范主要有正面示范、侧面示范、背面示范、镜面示范,以及完整示范、局部示范,还有常规示范、慢速示范、静止示范等。

篮球教学中动作示范的要求如下。

①示范要正确、熟练并具有感染力。

动作示范的正确性应从两个方面来理解:一是示范动作要符合动作的技术规格和技术要求等;二是动作示范的难易程度、达到的标准、展示的重点以及示范的表示方法等,要以学生的实际需要为依据,不应低于或高于学生的需要。此外,示范做得轻松、优美、具有感染力,能够激发学生的学习动机。

②示范的方向和位置要利于学生观察。

为了使动作示范便于学生观察,教师要正确地选择示范的位置和方向。示范时还应依据实际需要讲究各种示范的"面"。例如:实践中为了显示动作的左右距离,可采用正面示范;为了显示动作的前后部位,可采用侧面示范;对方向、路线变化比较复杂的动作,可采用背面示范;对于动作技术结构简单、学生易于模仿的练习,可采用镜面示范。总之,示范时教师与学生的相对位置,以及要观察的动作面和部位,应以每个学生都能清楚观察为原则。

(2)教具和模型的演示

教师要根据教学的实际需要选择、使用教具与模型,并注意演示的程序、时机,以提高教具、模型演示的直观效果。

(3)视频影像

视频影像是利用电影、幻灯、投影、电视和录像等现代化的电化教学手段进行直观教学。借助于电化教学的视听工具可以完整地、准确地再现和重复动作,对一些复杂的动作还可调控速度或暂停进行分析,这对于激发学生的兴趣,启发其思维并加深对问题的理解具有显著功效。

3. 预防与纠正错误法

学生在学习掌握动作技术时，出现错误动作是正常现象，动作失误也是训练过程中避免不了的。教师要采取合理有效的措施，及时给予预防和纠正，否则就易形成错误的动力定型。因此，在教学过程中必须采取有效的措施，对学生出现的各种错误进行预防和纠正。

通过分解法解决复杂技术问题，通过诱导性练习以及转移性练习等手段消除学生的紧张情绪；加强基本技术的教学，全面发展学生的身体素质等。

学生错误动作纠正的快慢往往与教师的指导有密切关系，要充分发挥教师在教学过程中的主导地位，对症下药，有的放矢，耐心细致。把预防与纠正法贯穿于篮球教学整个过程之中。

（二）动作练习法

1. 变换法

变换法的特点是练习条件的变换。因此，它可以有效地提高学生中枢神经系统和身体各器官系统间的协调能力、对环境和负荷的适应能力，以及练习的积极性和运动技术水平。运用变换法的注意事项如下。

①要根据特定需要选择和安排变换的条件。变换什么条件要根据实际需要有针对性地安排，如在改进提高运动技术时一般改变技术要素，在提高应用能力时一般改变环境和条件因素。

②对变换的条件和内容要作出明确的要求和限定。

③用于发展学生体能时，要使运动负荷符合练习的要求以及学生的负荷承受能力。

④运用变换法练习时应注意干扰正确动作的因素，防止错误动作的产生。

2. 持续法

持续法的特点是练习时间相对较长，一次练习的量较大，强度相对较稳定。因此，运用持续法可使学生心血管系统和呼吸系统的机能得到稳步提高。运用持续法时应注意的事项如下。

①因人而异，控制好负荷强度。在体育教学中，要依据不同教材、季节气候和学生的体质妥善安排运动负荷。如果练习强度较大时，就要缩短练习时间，而

当延长练习时间时，练习强度就不能太大。

②加强医务监督。教师在教学中要善于观察学生练习时所产生的生理、心理反应，及时进行调整。

③加强思想教育。由于持续法较枯燥，因此，教学中除广泛采用多种练习组织形式外，应不失时机地向学生进行吃苦耐劳、坚韧不拔的意志品质教育。

④培养学生自练、自控的能力。教学中应向学生传授持续法的基本知识及控制与调节运动负荷的方法，使学生自觉而科学地参与练习。

3. 间歇法

间歇法由每次练习的时间和距离、练习重复的次数和组数、每次练习的负荷强度、每次（组）练习的间歇时间和间歇时的休息方式等五大要素构成。根据这五大要素，可组成不同的间歇练习方案。间歇法的主要特点是每次练习之间有间歇，但必须控制间歇时间和休息方式，即机体还没有恢复，就要进行练习且要采用积极性休息方式。因此，间歇法能有效地提高练习者呼吸系统和心血管系统的机能。由于间歇法对机体的影响较大，所以，应注意总负荷和局部负荷的安排和控制。

4. 循环法

循环法既是一种练习方法，又是一种教学组织形式。它的主要特点是能有效地增大练习密度和运动负荷。循环法大多用于发展学生的身体素质和机体机能能力。

（三）一般教育法

1. 表扬法

表扬能增强学生的自信心和自尊心，鼓励学生不断上进，并营造一种蓬勃向上的良好氛围。篮球教学中的表扬法可通过口头称赞、点头、微笑、鼓掌等方式表达。运用时应注意以下3点。

①表扬要及时。教师要善于捕捉学生身上的"闪光点"，不失时机地给予肯定和鼓励，尤其对于后进的学生，更应给予及时表扬，以增强其上进心和自尊心。

②表扬要适当。教师对于学生的表扬要实事求是，不要过分夸大。

③表扬时要适当指出缺点和不足。

2. 批评法

批评法是对学生的不良行为作出否定的评价，用以克服和改正其缺点错误的一种教育方法。批评能使学生认识到自己存在的不足，明确标准，从而尽快地改正错误。篮球教学中可通过当众批评、个别批评、表情、眼神、手势等方式表达。运用时应注意以下3点。

①批评学生要从爱护的角度出发。通过批评要使学生明白错在哪里？为什么错？有何危害？如何改正？以使其能尽快改正错误。

②批评要使学生心悦诚服。教师在批评学生前一定要深入调查情况，弄清事实，有理有节。

③批评要注重方式。学生的自尊心较强，最好以表情、眼神及个别批评的方式进行，尽量不要采用当众批评的方式，更不应该采用体罚及经济制裁的手段。

3. 说服法

说服法是通过摆事实、讲道理等说教来影响学生言行的一种方法。篮球教学中的说服法通常采用讲解、座谈、讨论、谈话等方式。运用时应注意以下3点。

①说教时应观点明确，联系实际，符合学生特点。

②运用座谈或讨论方式教学时，教师应注意启发诱导，鼓励学生广泛发言，并对问题及时总结。

③要注意以事实为依据，以道理做引导，热情耐心地实施教育。

4. 榜样法

榜样法是以模范行为、先进事例等来对学生进行鼓励、教育的一种方法。由于学生可塑性大、模仿性强，所以，榜样对其有很大的感召力。运用时应注意以下3点。

①篮球教师要以身示教。教师要通过自己的言行举止、教态、修养对学生进行潜移默化的影响，以发挥教师的楷模作用。

②教学中要善于树立典范。教师要不失时机地表扬先进，树立典型，使学生学有榜样。

③运用榜样法时，应实事求是，切忌把榜样特殊化。

第二节 高校篮球运动教学的目标和内容

一、高校篮球运动教学的基本目标

（一）增强学生的身体素质

良好的身体素质是一个人从事其他工作的重要基础，因此在高校体育教学中，学生身体素质的提高是一个极为重要的方面。篮球运动可以说是一项综合性运动，能有效发展人的跑、跳、投等能力，通过篮球教学，不仅可以全面提高学生的身体素质，而且还能促进学生心理水平的发展与提高。另外，大学生要提高自己的篮球技能，首先也要提高自身的身体素质。

（二）提高学生的篮球知识与技能

高校篮球教学一个重要的目的就是使学生学习和掌握基本的篮球知识与运动技能。其中，篮球知识是学生掌握与提高篮球运动技能的基础和依据，而篮球运动技能中，篮球技术是篮球战术的基础。可以说，篮球运动知识与运动技能之间是相互作用、相互统一的关系，两者密不可分，共同构成一个完整的整体。

（三）激发学生的创新意识和能力

高校篮球运动是一项富有创造性的体育活动，在篮球的技战术方面，学生的运动能力具有明显的复杂性、多变性及灵活性。因此，学生的创新意识和创造能力是高校篮球教学过程中非常重要的教学目标之一。所以学生创新能力的培养是高校篮球教学必须重视的。

（四）培养学生的集体精神和意志品质

篮球运动是一项综合性的集体对抗性项目，通过篮球教学能培养学生良好的集体主义精神和顽强的意志品质。首先，通过篮球教学能培养学生顽强的意志品质，使学生形成正确的世界观、人生观以及价值观。其次，篮球教学过程本身就是一个人才培养的过程，能培养学生的各种综合素质。因此，集体主义精神和意志品质的培养也是高校篮球教学的重要目标之一。

二、高校篮球运动教学的内容

我国主要是以教学对象的层次及其目标作为依据,来对高校教学内容进行选择的。以下三个方面为教学的主要内容。

(一)理论知识

对大学生学习篮球技能与进行篮球活动实践来说,高校篮球理论知识的教学具有重要的指导作用。

我国高校篮球运动教学,到目前为止已经形成了比较完善的理论知识体系,其具体内容为:篮球竞赛的组织、规则与裁判法,以及教学训练的理论和技战术分析等。通常情况下,经过学习之后,学生都能够熟练地掌握这些理论知识。

(二)技术动作

技术动作是运动技能中最基础的内容,技术动作的内容有技术动作方法要领、规格及运用等。教师在教学过程中需要重视示范动作的规范性,这样才能够让学生形成正确的技术动作定型,并为之后的教学活动奠定基础。

(三)战术配合

战术配合方法是高校篮球教学中很重要的一项内容,之所以会这样,是因为特定的战术布阵是此项运动集体对抗所形成的主要形式。另外,在篮球运动竞赛中,战术阵势与战术配合是重要特征之一。

在高校篮球实践教学中,全队配合及两三人的基础配合是篮球配合教学的主要内容,而且在教学过程当中,教师需要达到两点要求,具体如下。

第一,应通过合理、有效的方法,来让学生认识和了解人与球移动的攻击点、路线、运用时机及其变化等内容。

第二,应当重视学生的战术配合与协作意识的培养,这样才能够让他们在实战中做到配合默契、灵活。

第三节 高校篮球教学现状及存在问题

一、高校篮球教学现状

（一）普通高校体育课篮球教学的现状

在学校体育中，非常重要的一项学习内容就是篮球运动。通过篮球运动能够有效地增强学生体质，全面增强学生身体和心理素质，达到素质全面提高的目的，从而更好地贯彻"健康第一"的号召。几乎所有高校都建立有专门的篮球代表队，这样做的主要目的是将在体育课中或平时在篮球运动方面表现优秀的人才集中起来，进行系统、全面的篮球训练，提高他们的竞技能力，从而更好地代表学校参加比赛，取得优异成绩。另外，在学校篮球代表队的选拔过程中，不仅能够使一部分非常有潜力的运动员脱颖而出，进行更高水平的训练和培养，从而为我国的篮球事业输送人才，而且还能够有针对性地培养一批基层篮球运动骨干。由此可以看出，高校篮球教学不仅能够有效增强学生的素质和体质，还能够为我国篮球运动的发展与水平提高奠定坚实的基础。

（二）体育院校、系科的篮球课程教学的现状

据不完全统计，目前我国共有14所体育院校和近百所二级体育院系，这些院校、科系不仅为我国体育事业的发展起到了积极的促进作用，而且还为国家培养、输送了大量各级各类的体育专门人才。篮球在这些专门院校和系科中都是作为一门独立课程而开设的。通常情况下，开设的形式主要有两种：一种是需要全部或者大部分学生学习的篮球普修课，另一种则是供一部分有篮球运动专长的学生学习的篮球专修课。篮球普修课与专修课是有一定区别的，主要体现在教学任务方面，具体来说，普修课的教学目的是通过体育课将篮球运动的基本理论知识和基本技术技能较为全面地传授给学生，使他们增强对篮球运动的认识，并且能够较好地对学生在学校体育中组织篮球教学和课余训练工作的能力进行有针对性的培养；而专修课的教学目的则与之有一定的差异性，不仅要完成普修课的教学任务，而且还要使学生进行更为全面系统的学习和训练，要想取得较为理想的学

习和训练效果，对学生提出了更高的要求，具体表现在三个方面：首先，在篮球运动能力方面，学生要达到相应的运动等级的要求；其次，在组织比赛能力方面，学生要达到相应的裁判等级要求；最后，在竞赛的组织方面，学生要具备组织篮球运动训练和竞赛工作的能力。

二、高校篮球教学存在的问题

目前，随着篮球运动的不断发展，我国高校体育课程中最受学生欢迎的项目便是篮球运动。尽管我国篮球运动在高校中已经非常普及了，而且篮球教学也开展得较为广泛，但是篮球教学中还存在着一些不足。具体来说，主要体现在以下三个方面。

（一）教学内容与学生的实际需要不相符

在我国高校中，已经广泛开展了篮球选项课。在篮球选项课的教学过程中，教学都是以教材内容安排为主要依据按部就班地进行的，而学生的理论知识、技术和战术的学习也是按老师的要求完成的。由于在篮球教学过程中对于技术过于重视，按技术形成规律的教学，不符合学生学习的情况和实际需要。另外，这种按部就班的教学通常比较枯燥，因此容易挫伤学生的积极性和主动性。

（二）呆板的教学方式妨碍了学生创造力的发挥

我国的篮球选项课中，较为普遍的现象是对教师的主导地位过分强调，忽略了学生的主体地位。教师按照课本上固定的内容过于死板地要求学生，过于规范化、一体化的教学组织管理，使得课堂教学程式化、强制化、教学手段与方法太过呆板，从而压抑了学生个性，造成了无法使学生的天性得到很好发挥的结果，最终导致学生本来最喜欢和最欢迎的篮球专项课程不再受到学生的青睐。总的来说，这种呆板的、不切合实际的教学方式对学生的个性化发展产生了一定的影响和抑制。因此，在篮球教学过程中，一定要注重学生的个性化发展，区别对待，而不是用死板的固定标准去限制学生的发展。

（三）陈旧的教学评价模式对学生学习的积极性有消极影响

在进行篮球选项课教学的过程中，主要通过由教师统一进行素质测试、专项考核、理论考试以及平时成绩测试的陈旧的评价模式来评价学生学习的效果。由于高校之间的侧重点有一定的区别，因此具体的考核标准和比重也会有一定的差异。尽管考试项目能够对学生的学习兴趣和积极主动性有积极的刺激作用，但是同样也具有一定的消极影响，即将学生的学习内容限定为教材内容，脱离了素质教育的教学模式。最终导致的后果就是教师很难准确掌握学生的身心特点以及对篮球技战术的运用能力情况，无法较为客观地对学习效果进行反馈，导致以后的教学继续陷入这样的恶性循环中，学生的积极性受到损害。

第三章　高校篮球运动教学创新

篮球运动具有相当多的价值，在当代发挥着越来越重要的作用。本章内容为高校篮球运动教学创新，论述了高校篮球运动教学内容创新、高校篮球运动教学方法创新、高校篮球运动教学评价创新。

第一节　高校篮球运动教学内容创新

一、高校篮球教学内容的选择与组织

（一）制约教学内容选择的因素

文化知识产生于人类社会，不能与之脱离而单独存在，因此文化知识必然会受到社会中各种因素的影响。高校篮球学科课程同样如此，其存在和变化发展会被各种因素影响和制约，分析制约教学内容选择的因素问题，旨在确保教学内容选择得科学合理。

1. 教育理念

每个学校在教育实施过程中都遵守着其自身的教育理念，按照理想的人才类型培养学生，这种教育理念最终通过教学目的表现出来。教育理念对高校篮球教学内容的选择有着极强的影响和制约作用。根据理念中对人才的定义确定培养目标，根据培养目标选择相关教学内容，才能最终将主观层面的期望转变为现实。对于坚持专才教育理念的学校来说，高校篮球教学内容需要高度专业化，避免学科内容交叉，避免其他学科在篮球教学内容中的渗透；对于坚持通才教育理念的

学校来说，篮球教学内容需要同科学、艺术融合起来，即使是诸如纯技术、纯战术等专业性较高的教学内容，也需要其能够蕴含有艺术美、音乐美的相关内容。可见，教育理念在教学内容的选择上有着不可忽视的重要影响。

2.社会需求

教育目的之一在于为社会需求培养人才，因此高校篮球教学内容被社会发展需求所影响具有必然性。要更好地实现教育价值、达成教育目的，需要明确社会对高校篮球教学内容的制约作用是如何实现的。总结来看，其作用方式主要包括科学技术、人的异化、社会交流等方面。

对于高校篮球教学内容的选择而言，科学技术的迅猛发展是其首要社会制约因素。纵观当前人类社会，100%的机械化、自动化在工业生产领域屡见不鲜；信息化、网络化社会环境已经初步形成；教育技术的信息化转变已无可逆转。种种迹象都要求高校篮球教学内容必须保证现代化，这样培养出来的未来体育事业人才才能够与飞速发展的社会相适应。因此，教学内容的选择过程中，必须合理安排科学新知识的学习及相应的能力训练，确保学生能够不被科学技术飞速发展的时代所抛弃。人的异化同样是对高校篮球教学内容的选择起到制约性作用的社会性因素。人的异化代指，在科学技术迅猛发展的环境下，随着物质生活条件极大丰富而出现的人的自身庸俗化，乃至人性丧失，是一种不良社会现象。高校篮球教学在内容选择过程中必须突出思想道德上的教育，确保学生能够通过教育养成积极健康的道德信念，实现人性回归。

社会交流也制约着高校篮球教学内容的选择。信息技术普及使当前人类社会产生了如下现象：人与物的交往提高同时人与人的交流降低。高校篮球教学内容的选择要注意这一点，适当增加需要教师、学生相互之间沟通交流的内容，推动教师与学生在相互交流沟通的过程中产生感情层面的沟通，增加篮球教学的人文色彩，使篮球教学内容适应当前时代发展需求。

3.学生心理

高校篮球教学的内容选择必须重视大学生心理因素，受教心理发展水平在很大程度上决定了篮球教学内容数量多少和难度深浅。高校篮球教学内容要同受教学生心理发展相适应，以学生心理发展条件为参考，对教学内容作出适时调整。

大学生的心理和认知特征并不是固定不变的，而是渐趋发展成熟的动态变化过程，要保证学生心理能够健康成长，篮球课教学内容的选择要重视时代性和针对性、兴趣性。从已有科学知识体系中选取的材料包括经典与新创造两种，为满足学生好奇心，激发其学习和探索的欲望，就不能一味注重经典性，也需要适当加入新颖的、当前时代环境下的新内容。根据大学生的心理特点，教学内容不能千篇一律，要选择有针对性的知识及相应的能力训练，穿插加入部分隐性内容，在潜移默化中影响学生，引导学生向适合自身的个性化方向发展。而所有教学内容的最终确定，都必须充分考虑学生兴趣，要时刻关注学生兴趣所在，避免教学内容选择过于僵化，避免学生产生厌学心理。

年龄与所处环境对于学生心理发展都有着影响和制约作用，各年龄段学生的心理个性各不相同，因此对教学内容提出了不同要求，选择教学内容及按照教学进展适时开展调整时必须将学生心理状态及发展潜力考虑在内。除年龄因素的作用之外，学生心智功能发展同时也在很大程度上受外界环境影响。现实表明，在某种特定环境下部分学生展现出了良好的发展趋势，高校篮球教学的内容选择必须将此类因素考虑在内。部分教育专家认为，若仅考虑知识讲授、思维和行为训练，而忽视学生自身内部条件、心理发展水平，选择出的教学内容必然徒劳无功。这类预估有重要的教学指导价值，重点在对广大教育者的提醒，重视高校篮球教学受教学生的心理特征，就高校篮球教学内容的选择和组织而言影响深远。

4. 篮球运动知识变化

篮球运动的知识改变对于篮球教学的教材内容演变有着最直接的影响。知识更新换代、发展丰富，教材必须相应更新并增加新知识；知识老化过时，教材也必须相应淘汰旧有知识，面对这类有增加、有删减的复杂制约性，应如何正确处理教学内容的选择呢？

其一，要将篮球运动知识的逻辑体系做重要参考，以此为前提组织教学内容。换言之，要站在系统论角度，选择对教学目标实现有良好推动作用的相关内容。此外，要兼顾受教大学生身心发展水平及教学开展所必须遵循的客观规律，用逻辑力量为框架将篮球理论知识序列系统性组织成为和谐的整体。其间，随各种因素变化而必须实现的知识增减更新，都要在逻辑因素动态制约下进行。

其二，要在逻辑系统内明确篮球知识范畴，必须认识到基础性知识在教学中无可取代的地位，使其成为教学内容必不可少的选择，其基础作用是无可替代的。举例来说，传、运、投等基本技术在篮球运动中可以说是最重要和最具有基础性的，这部分知识不可能因为新技术出现而使其失去其基础性作用和地位。时至今日，这部分知识在篮球教学各阶段中依旧都是必学的内容，对于篮球专业的受教学生而言同样也是必须熟练掌握的基础性技术。可见，教材编选者需要关注篮球运动知识的基本范畴，保证必要性、基础性教学内容不会遭到遗漏。

其三，明确篮球知识体系模块构成对于教学内容的挑选来说，有着根本上的指导意义。任何学科本质上都是不同范畴构成的模块，不同模块以逻辑力量为框架，紧密联系并最终构成完整知识体系。高校篮球教学的内容选择过程中，最有利于保证教材内容增减的科学性和顺利实施的是明确篮球运动知识模块。纷纷涌现的新知识是信息爆炸时代给予教育发展的新挑战和新契机，面对这一挑战与契机，明确哪部分知识能够同原有知识模块相融合，哪部分知识能够发展成为新知识模块，哪部分知识能够被移除到教学范围之外，哪部分知识能够被进一步简化，是众多篮球专家与教育学者需要为之共同努力的。可见，对篮球运动知识模块构成问题的分析，对教材内容选择有重要影响。

总而言之，高校篮球教学内容的选择受多方面因素的影响和制约，除教育理念、社会需求以及大学生心理之外，还包括社会习俗、地区环境等。

（二）高校篮球教学内容的组织

篮球运动知识固然已经形成了独立的逻辑系统，然而篮球运动知识的逻辑系统并不等同于篮球教学内容的逻辑系统。教学内容要生成逻辑性，需要教育者的进一步努力，综合考虑多种因素，严密进行科学组织，使各个部分科学紧密地联系起来，确保其容易被学生掌握。篮球教学内容逻辑性的生成、逻辑系统的构建也就是下面要讨论的，有关高校篮球教学内容的组织问题。

1. 教学内容的组织原则

高校篮球教学内容要实现系统化和组织化，必须遵循教学内容组织原则作出编排。大致原则如下。

其一，知识条理性。篮球运动知识体系的产生并非一蹴而就，而是经历了漫长的历史发展和演变过程，各种知识的出现是有一定先后顺序的，并且相互之间按照一定的逻辑顺序连接起来构成了篮球知识体系。坚持条理性原则即需要以某种顺序为依照，安排组织教学内容。坚持条理性原则需要以时间顺序为突破口，按照从过去到现在的顺序组织教学内容。例如讲授篮球运动起源发展时，要遵从篮球运动最初发明者詹姆斯·奈史密斯博士开始按照历史进程演绎运动的发展过程，这样才能使学生学习思路清晰明了，使教学活动事半功倍。

要强调的是，在遵守时间顺序的同时，要坚持条理性原则组织教学内容，同时也需要从知识的逻辑联系、知识的系统化等不同层面深化理解。

其二，知识基础性。高校篮球教学的内容选择与组织，必须始终贯彻打好技战术、牢牢掌握理论基础的原则，对于高校篮球教学来说，基础知识等同于其构建和发展的根基，有坚实的根基支撑，篮球学习这个系统而庞大的建筑才能屹立不倒。

知识基础的最终确立必须由篮球专家进行，作为篮球运动知识权威，各专家对篮球运动知识构成基础有着正确、清晰的认识，由其选择能在最大限度上确保教学内容科学客观。专家需要从教学规律出发，提出有关篮球教学的基本要求，用科学的方式将篮球基础知识转变为篮球教学内容的基础，如若不然，则篮球基础知识不能发挥出在教育过程中应有的基础性作用，没有良好的基础，教学内容的组织自然也无法顺利实现。

其三，知识关联性。高校篮球教学内容彼此之间并非孤立存在的，包括概念事实、原理法则等在内的各方面内容彼此紧密联系并通过联系而构成内容整体。因此，教学内容的组织安排必须关注各部分内容彼此之间的关联性。

要关注高校篮球教学内容自身具备的逻辑关联，如教学内彼此之间的纵向时间联系、横向的逻辑发展联系等。明确不同部分知识的内在关联性，有利于确保教学内容组织的系统化。

要关注学生知识学习的关联。组织高校篮球教学内容过程中，要联系学生的认知，从学生具备的知识、经验、认识出发，延展引出新学习课题、新研究问题，启发学生展开新探求、新思考，对其已经具备的知识经验进行丰富拓展，通过关联性使学生扫清学习新知识、新技能的障碍，在能力培养上取得更高成就。

其四，知识实用性。组织确定高校篮球教学内容要确保其实用性，不能仅停留在理论层面，同时更要确保内容的组织对训练、教学实践都有着积极效用，换言之，高校篮球教学内容的组织，对于教师来说要实用，对于学生来说也要实用。

举例来说，教材的编写是教育者主观作用下产生的，作为主编人员，必须协调知识的基础性、清晰性、关联性等问题，最大限度地实现主客观吻合，保证最佳效果的产生。要确保其实用性，编写人员需要慎重考虑篮球教学内容的范围及顺序、要求等，思考作出的组织安排是否能够帮助篮球教师的"教"以及受教学生的"学"，倘若能够做到帮助启发学生思维，激发学生自主参与，那么教学内容的知识安排，就遵循了实用性原则，体现了内容组织的价值，就会获得师生双方的好评。

高校篮球教学内容的组织安排需要充分考虑上述四方面具体原则，凸显条理性、确保顺序性才是保证高校篮球教学内容组织具有科学性的必要条件。

2.教材编写准则

在明确了高校篮球教学内容上的选择标准以及组织原则之后，要通过某实体形式——教材展现出来。因此引入这样的问题，编写教材需要遵守何种准则。

其一，最优系统性。篮球运动的知识构成复杂、总量庞大，学生学习的时间和精力有限，因此，教材需要保证提供给学生的知识最为充实、系统。教材编写要确定最佳容量，这样才能保证教学实践中教学内容最优，系统性准则能够发挥其应有作用。

其二，最普遍应用性。最普遍应用性原则是教材内容选择上要着重考虑的。例如篮球运动中，跑、跳、投、运、传等内容一直是篮球教学的普遍内容并会在将来一直延续下去，是受教学生必须学习的内容。需要特别说明的是，也存在部分内容适合少数人的教学活动，这部分内容并非不适宜被纳入教材之中，也并不是没有用处，对于部分专业人士来说，这些教材内容的选择同样遵循了普遍应用性原则。

其三，最适宜传授性。高校篮球教学内容的最终确定，同样要考虑是否适宜传授给学生。同高校篮球教学不相适宜的内容，即使有很高的教育价值，也必须考虑重新挑选。

教材逻辑性需要能够和受教学生认知发展程度保持统一。详细来讲，就是教材内容中，知识逻辑性需要和受教学生的认知发展保持相同层次，即如若学生技战术发展水平处于初级阶段，则相应的教材逻辑性也需要选定在初级阶段。只有保持教学内容逻辑性和受教学生认知水平的相互统一，教材才更易于被学生理解和接受，不会因逻辑性过强、超出学生认知而导致厌学心理产生，也不会因逻辑性过于简单而对学生认知发展毫无帮助。

二、高校篮球教学内容创新改革的措施

要弥补传统高校篮球教学内容上的不足之处，教学内容与时代、社会发展需求相适应，就要对传统教学内容实施改革，开展教学内容的创新。如何实施创新的问题，具体可从如下方面着手。

（一）树立创新观念，强调创新人才培养

进入21世纪以来，创新逐渐在时代精神中占据了重要席位，创新精神是国家和民族进步的不竭动力与坚实支撑，创新精神、意识和能力的竞争可以说在很大程度上决定了各国国力的竞争。而"个体的创新精神、意识与能力养成的最有效途径是教育"。信息技术展现出的前所未有的发展趋势以及随之到来的知识经济时代，将掌握高新知识、具备领先技术的人，特别是有着较强创新意识与能力的篮球人才，变为能够对国家、民族的国际竞争力量起着决定性作用的重要战略资源。教育是新知识传播、创造和运用的主要领域，是创新人才养成的主要方式。高校篮球教学要实现创新人才培养，必须在教学观念、内容手段、方式评价等各个方面作出深入改革发展。面对这一复杂形势，要以观念创新同内容革新为突破口着手推进。

篮球教师需紧紧把握新课程改革的难得契机，适时更新教学观念，构建教学创新观，时刻关注时代发展趋势、社会变化以及受教学生实际发展状况，在此前提下，对高校篮球教学内容进行更新重组，为学生提供最新、最具科学性的知识和理念。与此同时，高校篮球教学实践过程中，授课教师要改变过去强制性思想灌注、压制个性化思维、排斥打击自主探索等各种不良教学行为，重视学生在教学中的主体地位，要强调学生在批判质疑、创新探索上的精神培养。从某种角度上可以说，篮球教学过程中，发生在教师同学生之间的任何交互活动都将转变为各种形式的学习内容、学习经历，并最终在学生思想意识领域中留下印记，在潜移默化之中对学生之后的发展起到长远而深刻的影响。

受传统文化观以及教学理念影响，仍存在部分篮球教师因循守旧，坚持维护自身在课堂中的绝对权威地位，对学生的新异想法不惜挖苦讽刺，对所谓"喜出风头"的学生更是不断打压，未能认识到所谓"异想天开""喜出风头"有可能正是创新意识的外在表现，昭示了学生的创造潜力和发展前途，未能发现能够获得创造性成果的人往往有着"与众不同""异想天开""喜出风头"的特征。高校篮球授课教师，必须有意识地建立起教学创新意识理念，对学生的"奇思妙想"持有尊重鼓励态度而非一味否定打击，要关注学生的好奇心、探索欲，要从当时、当地的情境出发因势利导，通过潜移默化的方式培养学生的创新观念意识，使学生的创新精神和能力得到强化。

（二）对教材内容进行创新

高校篮球教学内容的主要来源是教材，教材也是篮球教学不可或缺的重要组成部分。在我国，篮球学科教材是在一定标准指导下，由众多专家、学者等精心选择并组织而成的经验体系（包括直接经验与间接经验），其科学性、权威性毋庸置疑。然而社会的发展进步从未停止，科学知识数量及水平不断上升，而被纳入教材的知识必然有限，除此之外，从教材编写到出版再到正式投入使用，需要很长的周期，因此可以推断，高校篮球教材在内容方面难以避免地会落后于当前社会、科技发展水平，这在客观上提出了进行高校篮球教材内容改造的必然要求。

创新改造高校篮球教材内容的工作，主要借助如下两方面实现：首先是高校篮球教材编写上的创新，其次是教师教学上的创新。从教材编写上来看，编写活动必须以课程标准基本思想的正确领会与充分掌握为前提，要在教材之中反映出来，同时专家、学者也需要发挥创新精神，使教材编制多元化，用不同特色、风格的教材满足不同发展水平、个性特征的受教学生的学习需求，具体来说，创新教材内容可通过如下方面展现出来：第一，精心在高校篮球教学内容的现有基础上确定更加基础实用的内容，确保学生学习的高效。高校篮球教学内容无论如何创新，都必须从基础做起，而篮球基础知识、基本技能始终是必须首要考虑的内容。当前，教育学专家和学者就基础知识和基本技能的定义和范畴问题尚未达成共识，但毫无疑问，教材内容的创新确定必须从被普遍认可的、能够帮助学生技战术学习、有利于学生未来就业发展的理论知识与实践技能中选取，而且能将所有篮球知识技能作出无重点的大汇总。如何具体实施仍旧是需要进一步探讨与研究的复杂问题。第二，要选择能够映射现代社会生活与科技发展水平，具有时代代表性的内容。传统高校篮球教材的更新相对偏慢，内容普遍陈旧，大都与学生实际生活脱节，导致学习理解难度较高，学生很难产生积极参与学习的兴趣。教材创新编写要根据时代发展适时调整，适当增加诸如信息技术、脑科学、人体工程学等具有最新时代特色且能够体现现代社会生活、高新科技发展水平的内容，提高学生探索发现的兴趣，使其积极加入学习当中，通过学习理解、掌握与时代和社会紧密相关的新知识、新信息。第三，选择生动典型的明星案例帮助学生体验理解抽象的教学内容。传统高校篮球教材内容里，更强调经典知识，但过于偏重经典会导致教学内容高端而枯燥，学生难免产生畏学心理。教材的创新编写有必要适当加入最新明星案例，选择与学生心理特点、生活经验贴近的内容。知识来源于现实生活，知识的学习也必须最终回归到生活的应用中去。使教材内容贴近学生现实生活，能够帮助减轻学生对篮球运动知识的陌生感，使其能够顺利投入到学习当中，顺利掌握知识的理解与运用，同时也能够帮助学生内化所学知识，有意识地将所学知识融入现实生活当中，切实感受到学以致用的乐趣。此外，教材内容也可呈现部分未能在现实中得到解决的趣味问题，为学生创造更多探索研究的空间。第四，教材内容的选择要更加关注研究性，为学生的观察讨论、调查实验、探究创新提供丰富素材。旧有高校篮球教材更主张为学生提供确定性、结论性强的知识内容，从长远来看对学生探究意识、创新能力的培养并无益处。高校篮球教材内容的创新编制应适当增加部分过程性知识内容，安排阅读理解、调查讨论、实验探究等刺激学生发挥主观能动作用的环节。第五，选择能够帮助学生情感态度和思想价值理念培养的内容。传统高校篮球教材的内容在很大程度上忽视这方面内容，教材的创新编写应适当弥补，在强调认知性目标的同时，也要着重加强学生情感态度和思想价值理念的培养工作。因此在教材内容选择过程中，需要对具有情感态度和思想价值理念因素的教学内容予以重视，确定其教学育人价值后使之有机融合到教材之中。

　　从篮球教师教学角度来看，高校篮球教材内容的创新，即借助先进教学方法、手段，将教材内容转化成为篮球教学内容的过程。具体方式如下。

　　首先，从变化发展的教学实际需求出发，对高校篮球教材内容进行整合重组。

传统教学中，篮球教学教材内容由专家、学者编写，以既定要求为标准严格遵循了篮球运动的知识体系发展规律，具有极强的严密性和逻辑性。这种教材编写方式尽管对于篮球运动知识传授来说帮助甚大，但并未同教育教学实际紧密结合起来，较难被学生深入理解和充分掌握。因此，可以说这部分内容是纯粹的课程内容，但并不能在真正意义上被称为高校篮球教学内容。只有经过了授课教师加工处理之后，真正被纳入高校篮球教学层面并发挥了积极作用的课程内容，才是真正的有意义的教学内容。篮球教师要从当前形势出发结合教学目标要求与学生实际发展情况，有针对性地选择教材内容，在适当删减陈旧过时、冗余内容的同时，增加与时代发展要求相契合的内容与领先研究成果。此外，篮球教师可从具体教学情境出发，适当作出调整改编、整合重组，确保教学内容同社会实际、学生实际更为符合。

其次，通过教学情境的创设将篮球教学内容背景化。高校篮球教材中往往有一部分知识抽象而难以理解，针对这部分内容，篮球教师可利用情境构建安排或相关背景知识的导入融合，为学生营造具体印象，降低理解难度，使学习变得相对容易。例如，传统教学模式中，学生常常有篮球理论知识很难学的印象，主要原因在于传统教材对教学内容的呈现方式，使学生接触到的大都为既定知识及抽象结论。篮球授课教师可根据教学实际情况适当取舍，着重挑选能够激发学生兴趣、与学生现实生活息息相关的生动素材，构建开放性问题情境，引导学生开展自主探究，以过程化学习的方式发现、感受并理解抽象知识结论的产生和形成。情境要能够使学生的情感产生触动，能够激发学生自主探究欲望，能够使学生快速沉浸到最佳的学习心理状态之中，为学生的学习创造更好的情感体验。

最后，使高校篮球教学内容更加突出过程化。新课改要求改变课程关注重点，由知识传授转移到过程体验上来，突出积极主动的学习态度的养成，引导学生在基础知识、基本技能的习得过程中，学会如何学习并构建正确的思想价值观念。对于篮球教师来说，要在教学过程中有意识地突出教学内容的过程化属性，强调学生对知识产生发展与应用过程的体验，有目的地引导学生自主观察、发现、探究，逐步探索问题寻求结果，强调情感态度和思想价值观念的渗透，通过努力协调篮球受教学生在技战术、理论知识学习过程以及情感态度理念、运动技能等各方面的全面协调发展。

（三）篮球课程资源的深入开发与充分利用

吴刚平学者提出，"从课程理论角度出发，课程资源的开发价值至少要经过三层检验筛选才能最终确定。第一层检验为教育哲学，即有价值的课程资源需要能够帮助实现教育理想、推动办学宗旨转变为现实并能够反映社会发展需求与进步方向；第二层检验为学习理论，即有价值的课程资源需要同学生学习的内容条件保持一致性，要能够与学生身心发展特点相符合，能够同学生兴趣爱好、发展需求相适应；第三层检验为教学理论，即有价值的课程资源需要同教师教育教学修养的实际发展状况保持有一致性"。[①] 由此可知，高校篮球教学内容的创新必须经过这三重标准的严格检验，只有完全通过才能够被作为必要课程资源而被归入到高校篮球教学层面当中。

然而在实践过程中也必须认识到，深入开发与充分利用后的课程资源价值体现的关键依旧在于其是否能够在高校篮球教学实践中发挥出应有效用。实践是检验真理的唯一标准，只有在融入高校篮球教学实践并真正发挥出积极效用后，教学资源的存在价值与应有意义才能得以彰显。深入开发与充分利用篮球课程资源可从如下方面入手。

首先，要从调动一线篮球教师积极主动性入手，实现篮球教师课程资源的最大限度开发与利用。根据作者对部分高校篮球教师开展的调查发现，高校篮球教学资源开发过程中，最大的障碍主要体现在课程资源缺乏上，这个问题同时也极大地困扰着广大篮球教师。篮球课程资源缺乏的原因多种多样，其中，教师薄弱的课程意识也是引发这一问题的重要原因，当前一线篮球授课教师普遍未能充分意识到自己也是课程资源的重要组成部分。在传统篮球教学观念里，开发与利用课程资源是有关专家、学者的工作，同篮球授课教师无关。当前形势下，教育改革的深入要求篮球教师不得不面对挑战、应对新要求，其中极为重要的一项就是教师要具备课程开发能力及相关专业素养。需要认识到，篮球教师在很大程度上对鉴别课程资源开发新资源、积累生活中的课程资源以及二次利用资源等方面起着决定性作用，举例来说，篮球教师自身的学识积累、能力技巧、经验经历等都能够与篮球教材有机融合到一起，使篮球教学课程资源得到极大丰富。可见，调

[①] 肖春元. 大学体育篮球教学改革研究 [M]. 哈尔滨：黑龙江教育出版社, 2019.

动广大篮球授课教师的积极性，使其树立起课程资源开发意识，对于篮球教学资源的开发以及教学发展的推动来说有着显著的重要性和必要性。

其次，要以广泛调查作为参考，明确篮球课程资源的开发类型以及开发方式。社会调查要保证广泛性和代表性，对当前社会环境下篮球人才素质的基本要求要有所明确，对当前社会环境下篮球课程资源开发利用的选择范围要有所明确。要特别以学生为对象开展广泛调查，对当前学生篮球课程资源方面提出了何种需求、对篮球课程资源表现出了何种兴趣以及何种篮球课程资源能够对学生学习发展起到帮助的作用要有所明确。确定了开发利用的篮球课程资源的类型后，需要开展广泛调查，收集意见建议并确定资源开发与利用的详细措施，从实践层面确保资源能够以更加高效顺利的方式切实和高校篮球教学融合到一起，全面具体地为篮球教学活动和受教学生发展服务。

最后，培养独具特色的校园篮球文化。校园篮球文化本质上是教师与学生之间的传统习惯、价值范围、思维行为方式等的综合体现，是在校内、班级等特殊场所，由校园个性化社会结构、成员共同发展目标等的支撑而产生和发展起来的。校园篮球文化作为课程资源来说有一定的特殊性，具有非学术性、隐性课程的作用，能够帮助潜移默化地培养学生健康人格，促进学生的情操陶冶。

第二节　高校篮球运动教学方法创新

一、高校篮球运动教学方法的创新原则

高校篮球教学方法的构成要素主要包括语言、实物、实践——这是篮球教师与学生在思想和情感层面开展有效交流沟通的首要方式。无论是篮球教师的授课辅导、作业检查等教学活动，还是学生的听课自习、作业实践等学习活动，无论是科学文化知识的传授、技能的养成，还是科学文化知识的学习、技能的锻炼，都需要借助语言的媒介作用。没有语言的支持，教学活动则无法开展。可以说，高校篮球教学方法的第一构成因素就是语言。实物（篮球、篮球场地、各种辅助设备等）——高校篮球教学需要借助器材设备才能实施。从教学实践来看，篮球教学设备情况对教师实施教学方法有着直接影响。这是因为，器材设备数量（例

如篮球）制约着教学密度；器材设备形状（例如篮球架）制约着教学强度、难度；器材设备安排（例如篮球场地）制约着教学的组织方法。因而，我们将器材设备作为高校篮球教学方法的第二构成因素。实践（身体活动或身体练习）——实践性是高校篮球教学的最大特征。在实践过程中，教师能够更加生动形象地传授学生知识技能，学生也能够通过实践真正有所掌握，实现身心的和谐、全面的发展。因而，高校篮球教学方法的第三构成因素是实践。无数教学案例表明，将语言、实物与实践三个构成因素有机结合到一起，教学方法效能才能得到最大限度地发挥。对教学方法构成因素进行综合分析，在此基础上我们提出，高校篮球教学方法的选择需要以下原则为指导。

（一）坚持科学性

在高校篮球教学方法选择过程中，坚持科学性主要可从如下方面着手。

1.教学方法要同教学规律相符合

同其他学科的教学相对比，高校篮球教学有着突出特点，教师需要借助身体练习开展教学，学生需要借助反复练习，将身体与思维活动两者有机融合到一起才能实现对篮球知识技术与技能的掌握，进而实现提高技战术水平、增强身体与心理素质的成效。高校篮球教学的特点要求其教学方法的选择必须遵守如下规律。

（1）动作形成规律

根据发展程度的不同，动作形成由大致掌握、改进以及巩固和运用三个阶段共同构成。第一个阶段大致掌握动作的过程有着"泛化"表现，个体的运动中枢神经抑制和兴奋呈现扩散状态，条件反射的形成尚且不稳定，这一阶段普遍有技术动作不协调、肌肉控制能力弱、表现僵硬的主要特征。学生通过训练逐渐强化，使动作形成发展到改进的第二阶段。在这一阶段中，个体的运动中枢神经抑制和兴奋呈现集中状态，对技术动作的把握从泛化逐渐发展到了分化阶段，在上一阶段出现的错误技术动作被逐渐纠正，开始形成动作定型。在最后的技术动作巩固和运用阶段，受教学生大脑皮质中运动中枢神经抑制及兴奋较之前两个阶段的精确性与集中性更强，对技术动作的时间与空间知觉初步形成，开始巩固动作定型。这一阶段的学生动作准确熟练、省力且能做到自如应用。动作形成的不同阶段，并不是绝对存在的，三者之间有着相对的、彼此紧密的联系。学生能力水平各有差异，教师教学经验水平也千差万别，因此，受教学生在动作形成阶段上取得的进度也有先后。此外，不同阶段、动作技能间也可能产生相互影响、转移的现象。前个动作的形成促进推动了后个动作的掌握被称为积极转移；与之相反产生了阻碍作用的则被称为消极转移。在高校篮球教学的实践过程中，篮球授课教师必须能够及时充分注意上述现象，作出科学积极的应对。

（2）个体生理活动规律

对于篮球受教学生来说，其成长发育被多种条件影响着，归纳来看主要可分为三方面：首先是个体因素，也就是先天遗传因素；其次是社会因素，也就是环境营养、卫生教育等因素；最后是篮球运动训练因素。合理、科学的篮球运动训练能够对个体的成长发育起到多方面的积极影响。接受合理科学的篮球运动训练，学生能够保持思维敏捷、头脑清晰；血液循环得到促进，心肺功能有所提高；骨骼、肌肉发育得到积极影响，更加健壮有力；环境适应与不良因素的抵抗能力得到发展。生物法则显示，缺乏运动会导致人体产生一定程度的衰弱，恰当的篮球运动训练能够帮助生长发育，但运动一旦过度也有可能造成身体损伤，可见，篮球训练必须坚持科学性。

2.教学方法同教学客观原则相符合

（1）自觉积极性原则

贯彻自觉积极性原则需要将学习目的传递给学生使之深刻理解并有所明确，激发学生在高校篮球学习方面的兴趣；要将教学目的与学生实际发展情况综合考虑，保证高校篮球教学在内容与方法上的科学合理。

（2）学生全面发展原则

在贯彻学生全面发展原则时，必须考虑到不同新教材的多元搭配合理性，考虑能够推动学生身体素质全面发展的练习；要保证每个课时中教学内容的多元化，为学生全面发展提供更好的条件；保证考核项目多元化，使不同考核项目以及考核项目同教学内容合理搭配。

（3）运动负荷合理调节原则

要对篮球运动强度以及运动量作出灵活科学的调整，保证学生体能能够始终充盈，最大限度地避免运动损伤的发生，使教学效率得到切实提高。

（4）循序渐进原则

贯彻循序渐进原则，需要注意运用难度由低到高、内容由繁到简的方法安排篮球教学内容；学期正式开始前，对本学期篮球教学的技战术内容作出科学合理的整体性规划安排，确保每一个课时都有思想化、层次性，确保教学内容之间的衔接和谐有效，确保重点难点被着重突出，使教学系统与有效性能够融合体现出来。

（5）巩固提高原则

在贯彻巩固提高原则时，篮球教师需要站在整体层面，全面掌握各个学生在技战术上的学习水平以及不同个体之间的相互差异，根据学生表现出的不同特点，有计划、有针对性地施加教学内容，选择教学方法，让学生学习活动与其自身状况相适应，并以此为基础保持高效性。同时也要在时机合理时安排诸如比赛等形式的检测，对学生在这一阶段学习中对技战术、理论知识等学习掌握情况做到心中有数。

（6）统一要求同因材施教结合原则

在贯彻统一要求同因材施教结合原则时，篮球教师需要对学生有着全面了解，能够对学生实际情况有着清晰掌握，根据普遍情况制定统一要求，在此基础上，根据学生个别情况贯彻因材施教。

3.教学方法要同教学目的相符合

高校篮球教学目的即篮球教学过程中预期想要实现的目标。大体可分为如下方面：首先是受教学生身心的全面、和谐以及健康发展；其次是受教学生在篮球技战术以及有关各种理论知识上的理解与掌握；最后是受教学生创新探索、关爱他人、团队合作等积极意识的养成。对于高校篮球教学来说，除了推动学生发展的主要目的之外，篮球教学目的与任务还包括：使学生树立社会主义信念，接受行为教育；使学生掌握篮球知识，具备优秀运动能力、优秀身体素质；使学生建立对篮球运动的科学认识，养成热爱运动、科学运动的习惯；使学生具备过硬的组织及适应能力。以高校篮球教学总体目标为指导，不同课时有各自不同的教学目的。篮球教学教师需要参照各个教学目的以及其具体要求，恰当选择适宜的教学方法。

4.教学方法要同教学内容要求相符合

高校篮球教学目的是篮球教学内容的选择依据。确定了何种教学目的，就需要针对其安排相应的教学内容。当前，教学目的的多元化发展趋势要求教学内容丰富。对教学内容的选择提出了如下具体要求：选择的五人及三人制篮球运动要能够促进学生健康，有利于其身体协调发展，有利于促进体形匀称，有利于身体姿势的正确培养；选择的花式篮球要能够体现出篮球的韵律、美感，能够表达丰富情感。要从学生兴趣培养角度考虑，选择趣味篮球游戏、运动，同时从学生发展角度考虑，选择适宜增强其体质、运动机能与基本活动能力的练习。与之相符合的教学方法的选择，需要遵循如下几方面原则：教学方法需要能够满足所有健康受教学生的需求；教学方法的选择需要对改善体质有直接帮助作用，要重视使学生能够独立从事篮球运动的教学；教学方法的选择不能仅仅适用于校内教学，还需要在学生未来人生中都能起到积极影响。

（二）从实际情况出发

高校篮球教学活动包括教师的"教"与学生"学"两方面，是一种双边互动活动。因此，选择与组合应用教学方法时，要将教师与学生两方面因素都考虑在内，站在教师与学生两个立场上，考虑不同的实际情况，合理选择教学方法。

学生在不同年龄、不同发展阶段，心理状态及变化都有着极大的差异性，同时，学生所选择的学科表明其所需要的教育教学也存在极大差异性。教师需要了解学生心理特征、认知水平和知识技术掌握情况，能够站在学生立场上选择教学方法。学生存在年龄差异、心理发展水平差异以及发展需求的差异，因此选择教学方法必须作出适当调整。举例来说，针对体育教育专业学生的教学选择的方法，需要与针对运动训练专业学生的教学所选择的方法加以区别，篮球授课教师必须有所明确，以此为基础适当选择教学方法。布鲁纳提出如下观点：知识根据其形成顺序与方式，至少包含三层阶段，首先是动作把握，即凭借四肢把握对象；其次是影像把握，即凭借印象把握对象；最后是符号把握，即凭借语言形式把握对象。授课教师对高校篮球教学方法的选择，需要考虑学生思维方式表现出的特点。根据皮亚杰、布鲁纳的相关理论可以得出如下结论，三种思维方式并不与年龄特征等同，其在本质上属于思维发展顺序。举例来说，部分学生尽管已经正式进入大学学习阶段，但不能实施有效的形式思维，这样其智慧发展水平则也是处于具体思维阶段，从其中可以获取如下启示，教师的教学方法选择需要作出如下应对，将动作式、影像式以及符号三者协调到最优状态。

现代认知心理学理论中，对学生的知识体系构建及其构建方式十分重视，关注认知结构对于新知识学习的迁移意义，强调参考学生已有的篮球知识体系选择教学方法。举例来说，若学生的认知体系中具有与新知识相关的某些观点或概念，篮球授课教师完全可以选择启发性较强的谈话法，反之，若学生对新知识并无任何了解，则谈话法就不再适宜应用。教学方法必须能够适宜于学生的认知发展程度，并非指选择教学方法必须将其难度等控制在学生认知发展程度之下，消极受学生认知水平程度控制，恰恰相反，教学方法的价值体现在推动学生身心向更高一层发展上，可见，适宜学生认知发展程度的教学方法选择需要确保其意识超前。

从教学实践活动的进行来看，教学方法在其中作为工具而存在，教学实践过程中，教学方法选择必然会受教师自身特点所影响，受其知识积累、经验形成、性格特点、思想价值乃至个人教学水平等多种因素作用，教师常常会表现出对某些方法的偏重。在大多数情况下，篮球教师往往使用那些掌握得比较好的教学方法。举例来说，部分篮球教师并不擅长用语言作出准确、具体、生动的描述，但善于运用直观教具，能够通过直观教具演示配合有效实施理论讲解；在叙述法和谈话法之间，部分篮球教师更倾向于使用叙述法，而非谈话法。篮球教师理解和掌握了越多的教学方法，在各种不同的教学情境下就越能顺利选择最适合的教学方法。此外，教学方法的选择同时必须对时间因素作出着重考虑，以时间为参考因素恰当选择教学方法，确保教学任务能够在限定时间内得到完成。总而言之，在教学方法的选择过程中，篮球授课教师要充分考虑自身素养条件，做到扬长避短，使个人优势得到最大限度发挥，选择适宜本身素养条件的教学方法。

坚持从实际情况出发的原则需要重视如下方面：首先，要深入学生之中进行调查研究，及时、有效掌握学生具体情况，篮球教师要灵活采取各种途径与方式，对学生在高校篮球学科上的知识认识、兴趣爱好、运动基础、身体发展情况等各个方面都能有所明确。要能对受教学生普遍的情况做到心中有数，同时也要熟知个别学生的特殊情况，能够在教学过程中将主流及支流、现象及本质、主观及客观、积极因素及消极因素有效区别开来。其次，以学生实际情况为参考，对教学作出明确和具体的要求。若任务要求设置、教材内容选择难度过高，教学方法的制定以及运动实践安排与实际脱节，超出受教学生发展水平与接受能力，必然会导致教学任务完成情况差，甚至可能造成学生产生厌学情绪，有可能导致教学事故；若要求标准设置过低，则学生可能会因为难度过低而丧失学习兴趣、探究发展欲望，同样也不利于其体质强化、身心发展。最后，将普遍情况同特色情况结合起来。以班级为教学单位，大部分学生在年龄、体质、身体发展状况与篮球学科基础等方面都处于相近水平，但也不能否认，存在着少部分学生与大多数学生之间差异性十分明显的现象，要保证高校篮球教学的良好成效，教师要坚持以一般要求为前提，同时不能忽视特殊情况的应对，将因材施教落到实处。

（三）坚持直观性

辩证唯物主义认识论以及心理学感知规律是高校篮球教学方法创新选择的直观性原则的理论来源。从辩证唯物主义认识论观点中可以得知，个体认识活动中感觉形象占据极为重要的地位，其揭示了思维活动从具象到抽象、感性到理性的具体变化发展。从心理学感知规律中可以得知个体在感觉理解和知觉理解方面的关系，能够对其不同形式及作用有直观掌握。

在高校篮球教学中，直观形式包括实物、模像和语言直观等方面，教学中各个方面是相互协调并相互补充的。篮球授课教师需要在教学过程中引导学生对示范动作、技术阐释细心观察，学生需要在教学过程中积极发挥主观能动性，把教师讲解和自身的技术经验、思维感官模式相融合起来，在主观层面用生动直观的表象作出反馈性展示，帮助学习内化运动技能、篮球战术，同时提高自身模仿能力、实践技能。要坚持直观性原则必须关注如下方面。

其一，篮球授课教师首先需要对坚持以直观性原则为指导的具体要求及目的有所明确。坚持以直观性原则为指导本质上是对视觉手段的应用，直接目的在于教学目标完成实效的提高。因而，在以直观性原则为指导时，要综合考虑高校篮球教学的具体目标、所使用的教材的特点以及受教学生情况特点等多方面因素。举例来说，在课程开始初期，视觉作用影响较大，这时教师发挥视觉形象的教学作用，选择演示、示范直接道具等教学方法；课程进行到中后期学生实践练习阶段，肌肉感觉、身体印象等相关直观方式的影响变大，这时，要将教学方法选择的重点转移到提升运动分析器功能上来，此时，可以根据课堂情况采取适当教学方法，使教学实效性达到最佳。

其二，篮球教师要重视其本身在学生学习上的直观作用。高校篮球教学过程中，学生的观察信息获得主要通过感官实现，而其来源主要在篮球教师身上。当前高校篮球教学的直观教学，主要是由篮球授课教师作出标准示范动作实现的。学生对新动作的学习，第一直观印象即为授课教师示范。若教师示范不规范甚至出现错误，则其提供给学生的必然也是不正规，甚至错误的形象观。由于发展阶段的大学生有着极强的模仿能力，并且高校篮球教学中，这种特点有着进一步扩大的趋势，因此，高校篮球教师必须对每项教学内容都有深刻理解，必须对每个动作要领有精准地掌握，确保自身的讲解与示范不存在谬误。

其三，严格从学生实际情况出发。直观性手段的应用必须始终贯彻从学生实际出发。无论是高出学生实际发展水平还是不能达到学生发展要求，都意味着直观性作用无法得到有效发挥。举例来说，篮球授课教师在进行动作示范时，假设难度过高，远远超出大多数学生可能实现的水平，则会导致学生望而生畏，产生学习挫败感甚至丧失学习信心；反之，假设示范动作远远无法满足大部分学生发展需求，则会导致学生丧失学习兴趣，无论哪种情况都会使直观手段丧失其在教学中的作用。

其四，恰当地运用实物展示。教学过程中难免遇到借助讲解、示范等手段无法取得良好成效的情况，在这种情况下篮球授课教师可以借助实物来展示，如录像、模型、图片、表格等。运用实物展示手段需要把握处理好时空因素，避免华而不实。此外，教师在教学过程中也不能不考虑具体情况而一味追求只具其表的"直观性"，在不需要运用实物展示时也随意使用，不科学、不恰当地运用实物展示会在很大程度上导致学生注意力分散，无法使讲解、示范取得应有成效。

其五，语言应用要尽量生动、形象。对比枯燥抽象的语言，生动形象的特点更能突出语言的直观作用。篮球授课教师在课程进行中需要保证讲解生动富有趣味性，昂扬激情，能够有效激发学生的学习参与积极性，不能照本宣科、枯燥低迷。

其六，要将直观性原则真正贯彻到教学过程始终。篮球教师在教授讲解、示范动作中，必须坚持直观性，这是坚持直观性原则的方式。然而教授、讲解及示范等都仅仅是使学生在思想意识领域能够建立起基础概念，借助视觉、听觉获得的各种信息，都只是对所学内容在表象层面的理解。需要认识到，学生的实际操练也是直观性原则的体现，只有真正掌握了动作知识，才能灵活运用动作知识，教学过程才称得上是真正完成了。无论何种教学过程都是循环往复发展着的。站在高校篮球教学整体上看，任何课时都只是其中的有机组成部分，各部分之间保持着承前启后的联系。可见，在高校篮球教学过程中贯彻直观性原则是十分必要的。

（四）坚持系统性

高校篮球教学是一个系统化的特殊过程，有着极强的目的性、计划性、组织性和可控性，包含有教师、学生、教材的基本要素以及多种其他复杂因素。教学方法是高校篮球教学不可或缺的组成部分，同时也可被视为相对独立的系统。系统论观点中，教学方法包含实体与非实体两方面要素，两方面要素按照某种方式联系构成了统一的整体，是相对独立运行且不断变化发展着的。对于高校篮球教学来说，所谓实体要素即师生、篮球运动的教材和场地器材；所谓非实体要素即教学理念思想、教师与学生的思想态度与能力。可见，由实体与非实体两方面要素构建而成的教学方法系统，并非单独要素或单独活动，也并非固定了的某种运作程式，而是在整体化、综合性、系统性地运动着的，教学方法系统是动态系统。表面上看，对教学方法起着明显、重要影响和制约作用的是实体因素，但是也不能忽视，非实体因素也在其中有着潜移默化的影响。举例来说，在教学方法的选择和应用实施过程中，教学思想发挥着导向、规定作用，其束缚、影响着教学方法的各个要素，以这种方式作为贯穿，将各个要素有机组合为一体，并在此基础上促进了整体运动的形成。又比如，授课教师与学生对于课堂教学的主观态度，对教学方法整体上的功能发挥有着或积极或消极的直接影响。系统论观点中，教学方法有着四方面特性：①整体性。根据教学方法的整体性，篮球教师必须站在系统论角度，从整体层面对教学方法具体选用原则进行研究并贯穿始终。②协同性。教学方法同教学系统中的其他各要素，要保持广泛交流与密切联系，确保活动上的协同一致性。③可控性。实施教学方法的过程包含有控制、反馈两方面活动内容。在这一过程中，要对教学方法实现最优组合、取得最佳效能，需要教师与学生共同努力，调节控制、反馈并使两者达到最优。④交叉性。教学方法以及原则、模式不是相互孤立存在的，彼此之间有或多或少的交叉渗透，有着非界限性与非定量性的特征。可见，教学方法发挥真正的应用作用，只有在教学原则、模式相互的联结及组合中，才能实现。

二、高校篮球教学方法创新改革的措施

（一）微课在高校篮球教学中的应用

1. 合理选择教学课件

实践证明，课堂教学效率的高低和质量的好坏与教师在课前所做的准备工作是否充分有直接的关系。在微课的准备阶段，教师应围绕学生来思考设计工作，具体要考虑以下问题。

第一，学生感兴趣的篮球运动员。

第二，学生的篮球实际水平和什么样的篮球练习方式比较适合学生。

第三，如何安排篮球课堂教学中的实训环节。

在篮球教学中面对的学生群体各有各的特点，有的学生可能篮球基础较差，甚至首次与篮球正式接触，因此对篮球没有系统的印象。对于这部分学生，教师应进行系统引导，使学生对篮球运动逐渐有所了解、熟悉，并爱上篮球。教师要培养学生对篮球运动的兴趣，可通过对篮球明星精彩灌篮的视频集锦进行整合，让学生观看这些集锦，产生兴奋之情，并体会篮球运动的乐趣，产生学习与参与这项运动的欲望来实现。教师对篮球某一技术的动作要领进行讲解时，可将示范动作剪辑成视频在课堂上播放，使学生在反复观看中对技术要领有一定的了解，并进行模仿练习，最终将动作要领真正掌握。总之，对篮球教学课件的合理选择有助于促进学生学习兴趣、学习效率和学习质量的全面提高。

2. 对课堂时间进行合理安排

高校篮球课一般每节课 45 分钟，而且每周安排的篮球课时较少，普遍是一周一节。要在有限的课时和课堂教学时间内将教学任务完成，实现教学目标，就需要教师对课堂时间进行合理安排，提高每节课的教学效率。

篮球运动中很多动作和姿势都具有技术性，基础较差的学生不可能在课堂上有限的时间内完全掌握技术的动作要领。因此，学生提前预习和自学很重要。教师提前将教学资料提供给学生，学生按照资料自学，并自己查阅其他相关资料，对将要学习的内容有所了解，清楚下节课要重点学什么，以便在上课时能跟上教师的节奏，在短时间内将篮球知识与技术掌握好，提高学习效率。

此外，教师要将微课视频及时提供给学生，对学习内容进行恰当安排，并与学生及时互动交流，探讨教学中的问题，及时了解学生的学习情况，帮助学生解决实际问题，提高其学习质量。

3. 对教学环节进行合理设计

将微课教学法运用到篮球教学中，就要对各个教学环节进行合理安排，使学生在学习中获得更大的进步与成果。

首先，对于学生的课前预习，教师要做好引导。传统篮球教学中，教师占用大部分课堂时间来讲解篮球知识与动作，并进行动作和技巧示范，学生自主练习的时间较少，实战机会更是寥寥无几，而采用微课教学法可对此问题进行有效处理。

其次，教师要鼓励和引导学生亲自参与形式丰富的篮球活动。对于练习积极、动作标准、姿势规范的学生，教师可录制一些视频在课堂上播放，表扬这些学生，并教导其他学生向这些学生学习，使每个学生都能有所进步和学有所获。

4. 对篮球动作进行简化

在篮球教学中，学生要将一些基本的篮球技巧以及技术动作熟练掌握，这是篮球教学的要求。但从学生的篮球基础和实际水平来看，这个教学要求比较高，对学生而言有一定的难度，很难达到要求。篮球运动中有很多比较灵活和充满技巧性的篮球动作，如三步上篮、后仰三分等，在这些动作的教学中，学生很难规范地完成，对于其中的复杂动作要领，更是不容易掌握。此时，教师将微课教学法引入课堂中，分步骤地讲解篮球运动中的复杂动作，将每一步的动作简单录制视频，简化复杂动作，这样复杂动作就成为一个个基础动作的集合，基础动作对学生来说比较容易学习和掌握。通过对篮球动作进行简化，学生可更加直观地了解动作要领，并在不断的练习中逐渐掌握，这有助于使学生学习的自信心得到提升。

5. 角色的适当转变

新课程目标要求在教学中要"以学生为本",微课教学比传统教学更能体现这一点。微课教学提倡让学生成为课堂的主人,让学生将课堂主动权牢牢掌握在手中,提高学生的课堂参与度,使学生成为课堂上的活跃分子。在篮球微课教学中,教师不能仅仅只是将篮球知识与技术传递给学生,而应在传递知识的同时将优秀的微课资源提供给学生,并为学生的自主练习创造和提供机会。此外,教师还可以及时获得学生的反馈,对教学内容进行完善,选择能够吸引学生注意力的教学内容,激发学生的兴趣,让学生更加积极地进行学练,不断掌握篮球知识与技巧,达到教学目标。

总之,微课是以视频为载体,具有教学时间短、教学内容精简、资源容量小、便于师生互动等特点的新型教学方法。将该方法运用到篮球课堂上时,要注意对教学课件的合理选取、角色的转变及对课堂时间、教学环节的合理安排,同时还要将网络化教学平台充分利用起来,以吸引学生参与,优化篮球教学质量,促进学生身心健康发展和篮球运动水平的提高。

(二)体验式学习法在篮球教学中的应用

体验式学习法指的是教师通过了解和掌握学生的认知规律,创造相应的教学情境,采取恰当的方法对教学内容加以呈现和传授,从而让学生通过亲身体验而掌握教学内容,形成一种知识体验式学习的方法。在篮球教学中采用体验式学习法,有助于提高篮球教学效率与质量。

1. 合理创设教学情境

在运用体验式学习方法的过程中,对学生的主体地位要予以重视,鼓励学生积极参与到课堂教学活动中,亲身体验教学过程,这样才能发挥体验式学习教学方法的作用。此外,要恰当转换师生角色,创设合理的教学情境,促进学生主体意识的增强,以更有效地发挥体验式学习教学方法的重要作用。合理创设教学情境需注意以下三点。

首先,在体验式学习中,教师指导学生对学习内容进行自主安排,引导学生做好热身活动,或让将篮球动作掌握较好的学生面向全体学生展示,督促学生之间相互交流沟通,这样基础较差的学生更容易获得进步。

其次，鼓励学生创新学习与练习方法，培养学生的组织能力，并调动学生参与各种体验活动的积极性。

最后，在教学过程中，教师在恰当的时机提出关于教学内容的问题，引发学生思考，让学生在亲身体验中找到问题的答案，提高学生学习的自信心。

2. 不断完善教学方法

篮球教学的实践性很强，篮球教学场地、教学条件都具有一定的开放性，在开放的学习环境中，学生的学习情绪和热情容易被调动起来，但同时也容易造成学生心理上的紧张。对此，篮球教师应在教学过程中充分发挥自身的作用，对学生的体验与学习给予积极的引导和指导，并重视对教学方法的改革与完善。首先，在篮球课堂教学中，合理布置教学场地，优化教学设施质量，建立平等和谐的师生关系，营造轻松愉悦的教学氛围，为学生创造良好的学习环境。其次，篮球教师要在教学过程中多和学生互动，对学生的学习状态和遇到的问题及时掌握与了解，想方设法让学生积极投入学习中。教师在进行篮球动作示范时，要注意动作的规范和姿势的标准，并在学生自主练习中不断强调动作要领，仔细观察，对每个学生的练习进度有所掌握，对学生练习中出现的问题要及时纠正，促进学生学习的进步与技术水平的提高。

3. 培养学生的自我意识

培养学生的自我意识也是篮球教学的重要任务之一，体验式学习教学方法有助于启发与增强学生的体育运动意识，丰富学生的实践体验，使学生更深入地了解篮球运动和教学内容，进而能够在学习过程中自觉反思和总结自己的学习情况，同时与他人交流经验，解决自己的学习问题。

4. 关注学生的情感体验

在篮球教学中采取体验式学习教学方法，不但能够使学生的身体素质得到锻炼，还能培养学生的智力，丰富学生的情感，进而提升其综合素养。通过不断的实践与体验学习，学生对篮球运动的魅力有更多的了解与体会，进而产生浓厚的情感，这有助于学生形成长远的篮球参与意识。

（三）学导式教学方法在篮球教学中的应用

学导式教学方法作为一种新兴教学方法，近年来在教育界经常被探讨，这种教学方法在体育学科和其他学科的教学中得到了较为广泛的应用。该教学方法在体育教学中的作用在于开发学生的智力,对学生的学习潜力进行挖掘,促进学生体育学习积极性的提升,提高体育教学效果。

1. 教师导学

篮球运动具有较强的实践性,学生要掌握篮球知识与技能,就要学习书本知识,不断观看视频,亲身参与,反复练习,如此才能有所收获。在学生的自主学习中,难免存在自我认知与理解上的错误。为此,在学生自主练习的过程中,教师应给予积极的引导和正确的指导,使学生正确理解篮球的基本知识,如篮球发展史、特点、文化内涵、锻炼注意事项等。学生只有正确理解篮球知识,充分掌握这些知识,才能运用这些知识来指导自己的实践练习,发挥自身的自主能力,对篮球运动的技巧进行探索。此外,教师要根据学生的学习状态来适当布置一些作业,使学生的学习更有目的性。

2. 学生自主学习

在教师的指导下,学生的学习也有了目的性,学生会逐渐明确自己的学习目标,并在自我学习意识下不断学习与巩固篮球知识与技能,使自己的篮球知识越来越丰富,篮球技能水平越来越高。在自主学习环节,小组成员之间可以自由讨论,相互交流学习经验与心得,针对自己的问题寻求帮助,改正不足,这在提高学生自主学习能力的同时也培养了学生的人际交往能力。

3. 师生展开交流

虽然说学生自主学习是篮球教学中非常重要的一个环节,但学生在自主学习中对篮球知识与技能的掌握毕竟是有限的,在教师教学环节,学生会慢慢发现学习难点,知道自己需要学习和努力的地方还有很多,因此,教师的指导与师生之间的交流与沟通非常重要,这有助于学生解决实际学习问题,并启发学生的思想,促进终身体育意识的形成。

4. 教师指导示范

在篮球课程教学中,如果学生只靠自己的思维模式与方法去学习,那么只能掌握少部分知识,而且对技能的掌握也不是很准确、扎实,为了提高学习的效果,需要教师系统讲解篮球的具体知识，并进行综合性的示范。在篮球教学中，要特别把握好教师的指导示范这一环节。

教师在指导时，讲解是一个主要方式，讲解时，语言应简单明了，要能使学生快速理解，学生只有在基础层面上理解了篮球知识，其篮球技能才能不断稳固，在自主学习中学习的积极性才能得到充分发挥。示范也是教师指导的重要方式之一，教师要将篮球动作的技巧、重点牢牢把握好，清晰准确地示范，让学生全面掌握动作要领，能够连贯完成各个动作。

5. 学生自我吸收理解

在篮球教学中，不仅需要篮球教师进行系统授课，还需要学生发挥主观能动性，发挥自学的积极性，在教师的指导下自主学习，养成自觉学习的好习惯，这也是提高篮球教学效果的一个重要途径。篮球教学考核要对学生掌握篮球知识与技巧的程度进行检验，因此需要学生在学习中善于自我吸收，在教师的指导下主动对自己的学习所得进行总结，并对自己的问题进行反思，对于自己把握不准的内容，要及时向同学或老师请教，及时解决问题。

第三节　高校篮球运动教学评价创新

一、高校篮球教学评价功能

高校篮球教学评价按照来源可分为外部评价和内部评价两类，其中，外部评价为来自诸如市场、社会等独立于教学外的评价，内部评价为诸如教学评价等发生在教学过程中的评价。这两种不同类别的评价方法有很大差别，功能上体现了人们在评价上的不同需求，呈现相互影响和相互促进的关系。从某种角度上可以说，高校篮球教学评价的发展过程本质上是篮球教学评价功能的逐渐演变。总体来看，高校篮球教学评价表现出了"证明、记录成长、反馈、定向、选择、激励、管理和教学功能"。

（一）证明

篮球教学评价具有证明的功能。通过教学评价，篮球教学活动的创新改革是否取得了预期成效，是否给学生发展带来了积极影响就有了直接证明，凭借这一证明能够有效预测之后计划开展的教学假设、教学实验等成功的可能性。高校篮球教学的创新改革必须是以客观、科学、有效的教学评价为基础的，缺乏教学评价提供的切实反馈，教学改革则难以取得真正的进步。评价篮球授课教师的各种教学行为，能够对篮球授课教师所具备的知识体系与能力结构、学科教学科研潜力等作出一定程度的证明。客观评价篮球受教学生的学习成果、能力表现等，能够有力证明学生具备的知识理论水平、运动技术能力以及其他各方面综合素养。上述各种证明能够为用人单位的招聘录用、学生的深造学习和发展等提供最基础的参考。

（二）记录成长

高校篮球教学评价的应用具有较强的灵活性，关注不同种类、表现形式的评价方法与手段的应用，强调诸如篮球学生学习档案建立等评价方法，强调评价要深入学生点滴成长过程中，通过评价，学生的成长轨迹被全面、清晰地记录下来，对于每个接受了评价的受教学生来说，教学评价在其日后发展当中，对其学习和生活的思考分析都提供了重要的借鉴资源，是一笔无价的财富。

（三）反馈

在具有诊断作用的同时，高校篮球教学评价的反馈功能同样不容忽视。评价提供了课程和教学过程中的各种信息，以此为参考的教育教学调整活动更加符合实际，对教学方案、设计的制定，以及教学材料、工具的作用发挥都有很大帮助。

泰勒于"八年研究"实验中提出"评价的过程，本质上是明确课程及教学计划使教育目标实现程度的过程"，在此基础上，他将评价视为课程编制的重要构成环境。评价能够直观呈现目标同计划间的差距，建立在评价基础上的教育目标、计划修改更加具有实际性和针对性，可见，评价的反馈功能是实现"借助评价改进教程"目的的必要元素。

（四）定向

教学评价与高校篮球教学目标紧密相连，教学评价结果对师生日常教学活动中的时间、精力分配有着直接影响，这就是教学评价定向功能的作用表现。举例来说，高校篮球期末考试即对学生在理论知识、战术技能、执裁水平等各方面的掌握的评价，评价标准的中心和重点也必然成为教师的"教"和学生的"学"的中心和重点，这是当前我国篮球教学的实际状况。随着教学创新改革的深入，若对篮球教学评价体系作出调整与改进，使评价标准成为对素质教育和创新教育各种新要求的真实体现，则评价的定向功能也同样能够被贯彻实施，在此评价标准引导下，教学将朝着有利于学生长远发展的方向展开，篮球授课教师的各种教学工作也将发生重点的转移，更关注创新人才的培养。

（五）选择

高校篮球教学评价的选择功能表现十分明显。评价结果能够直接展现出评价对象的差别，对于教师的教学方式方法、学生的学习方式方法来说，都能从评价结果中判断出其成效优劣，对于其中表现相对突出的方式方法要注重鼓励并推广应用，对于其中表现相对落后的方式方法要着重修改或视情况进行淘汰。优秀的评价都有着突出的选择功能，有利于在样本群体中发现有突出优势的项目。当前，众多教育学专家、学者就"好课标准"问题作出了探讨，根据讨论结果就能够对优秀课程标准作出明确，并能直观分辨出课程的好与坏，而在此标准上选出的优秀课程则能够为优秀教学方法的普及提供参考。

（六）激励

优秀高校篮球教学评价以及其有效实施能够帮助评价者对自身获得的学习成效、具备的能力、展现出的能力倾向作出明确了解，以此指导端正教学、学习态度，发展并补足表现出的劣势之处，使师生都从主观层面上产生发展动力，在动力刺激下发挥更大的学习参与积极性。此外，若评价反馈涉及了教学过程中展现出的缺陷、同相同阶层的他人之间存在的差距，必然也会使评价者产生奋起直追的强烈内在动机，产生努力学习、工作的欲望。

（七）管理

在目标管理与质量管理的重要教学环节高校篮球教学评价起着不可忽视的作用，其存在能够使教学管理有科学且行之有效的指标体系，使大学教学管理部门对教学情况有切实、即时的掌握，为管理部门和篮球授课教师的教学管理策略改进提供重要参考信息。同时，高校篮球教学评价具有政策性工具的重要意义。在篮球教学评价的作用和支持下，教学管理部门能够以更加客观的方式在教学监督与管理上实现进一步强化，确保教学活动的开展是按照国家要求进行的，保证正确教学思想、方针的落实和贯彻。站在教学管理的角度来看，同以往相比，评价不再是由管理层开展的随机活动，其存在意义也不仅仅局限于外在组织、个体的教学控制手段，当前的教学评价是保障教学过程科学健康发展的必要举措，是各方面教学参与者必须承担的职责。不能否认，教学评价的实施依然具有教学控制的作用，然而在当前教学实践过程中，篮球教学评价被普遍应用于帮助教师与学生，使其能够对自身教学活动优缺点表现有所明确，评价意义更多表现在促使教学管理部门提高其决策水平上，对教学效果的改善意义深远。

二、高校篮球教学评价步骤

篮球教师的相关教学活动是实现高校篮球教学计划的最主要途径，而教学计划的最终实施效果则需要凭借学生发展进行判断，因此可将高校篮球教学评价的主要内容分为学生发展及教师教学两部分。这两部分的评价在框架表现形式上大致相同，需要着重关注如下问题：什么是评价内容及评价标准；怎样作出评价工具设计；怎样对数据和证据进行收集分析；怎样对评价结果进行报告。

（一）学生发展

1. 明确评价内容、标准

对于高校篮球教学评价工作来说，首先，就是必须使评价内容、标准得到明确。站在学生发展的角度来看，优秀的评价在强调知识传授的同时，还必须重视使学生养成积极主动的学习态度，给基础知识学习、基本技能获得的过程赋予新的内容，使之同时成为养成自学能力、形成科学价值观的过程。因此，篮球教学评价绝不能只重视受教学生的学业成就，更要同时关注学生其他方面潜能的挖掘与培养发挥，深入理解学生内在、长远发展需求。有关学生发展的评价，其内容、标准的最终确定需要以学生发展目标为基础，将篮球教学的学习目标与一般性发展目标融合在一起。更进一步来说，学习目标要具体到篮球教学每个课时完成之后学生需要理解掌握的知识及技能。一般性发展目标要具体到学生通过篮球学习需要掌握的篮球技能、思考推理技能、合作互助技能、拓展融合内化知识的技能以及个人同社会责任等，立足于学生的全面性、终身化发展。

2. 制定评价工具

在教学评价内容、评价标准具备的前提下，下一个评价步骤即制定有关评价工具。普遍来看，评价工具大都按照评价表的形式表现出来。

3. 对高校篮球教学数据证据进行收集分析

从学生发展评价的角度来看，仅仅评价并反映学生实践技能及理论知识掌握等学业成绩远远不够，也必须评价并反映出学生的学习过程、情感态度。检测、观察、问卷及访谈等都是收集学生学习过程和结果的有效方式，同时也能够被应用于收集学生的篮球学习数据与其他学习行为表现、影像资料等，有了充足全面的数据储备，就能够为每个学生构建个人影像档案，根据实际需求采用不同表现形式对数据作出汇总。以数据收集和汇总为基础，篮球授课教师有充足的条件开展研究分析工作，通过科学分析学生学习情况得出相应报告，客观总结呈现学生在当前情况下的学习与发展状况。

教师需要注意，分析过程必须关注如下问题：数据分析需要分小组开展，避免参照对象水平过高或过低；要灵活运用多种测评手段，对得到的数据开展综合分析，保证学生发展状态能够被全面呈现；可以用科学方式开展数据的纵向分析及横向对比。

4. 明确学生发展改进要点

以针对学生学习情况而制定的分析报告为依据，教师能够有效明确学生展现出的发展优势与存在的不足之处。以此为基础，对学生的学习行为改进提出有指向性的要点，帮助引导学生调整学习发展计划、改善具体行为举措，保证学生能够按照预定发展目标前进。

站在高校篮球教学角度上审视有关学生发展的评价，我们必须着重注意到如下问题。

其一，期末考试仅仅是单一的教学评价方法，考试需要能够同其他种类的教学评价方式方法相互结合起来，教师需要灵活应用；笔试仅仅是单一的一种考试形式，授课教师需要转变将考试作为唯一检测手段的教学方式，适当降低对等级区分、量化的关注和强调，努力降低考试给学生造成的压力。

其二，篮球授课教师要做的是分析、说明每个学生的考试结果，发现其中的进步和不足，而不能把考试成绩的高低当作粗暴区分学生优劣的标准。

（二）教师教学

推动教师的不断提高是篮球教师教学评价的重点和目的。有关篮球教师的评价需要关注教师自我评价积极作用的有效发挥，使教师发挥主观能动性，分析、反思自身教学行为。与此同时，要使专家教师、家长学生参与其中，构建起教师自评为主、多方共同参与的综合评价制度，保证篮球教师信息获取渠道的多元化和教学水平的不断提高。具体来说，可分为如下步骤。

1. 明确评价内容和评价标准

篮球教师是高校篮球教学的组织者与推动者，同时也是篮球课程的开发者与研究者。可以说，篮球课教学的实施过程，同时也是教师的课程研究及课程开发过程，有着极强的创造性。可见，作为高校篮球教学教师，需要在教学活动中积极发挥其自身创造性，在全面了解受教学生具体情况的前提下，深入研究学生，以此为基础开展教学目标的设计，并对课程资源进行筛选，组织开展教学活动。以教师教学为对象的评价需要包含如下方面内容。

教学目标——篮球教师对全体学生的思维思想进行引导培养，将学生转变为有着缜密推理能力和高超学习能力的学习者，使其思想观念、行为方式和社会价值观念等对社会发展有利。

教学设计——从受教学生发展需求出发合理制订教学方案。

学习环境管理——构建好学习环境并通过管理保证其作用的顺利实现，为师生的教学活动提供优秀的时空环境与各种资源。

教学促进——篮球教师要积极发挥引导作用，使学生感受到学习活动的乐趣，化难为易，化繁为简，化枯燥为趣味。

学习活动评价——参与到以教师"教"和学生"学"为对象开展的评价之中，学校可根据本校实际教学情况总结概括各方面评价内容并提炼出相关评价标准。

2. 设计制订教学评价相关工具

通过分析教师教学评价内容、标准，可以利用分析结果全面了解教师教学表现出的过人之处与缺陷不足。在一般情况下，可以通过评价表的设计制订直观展现出来。

3. 对反映了高校篮球教学的数据和证明进行收集与分析

诸如观察调查、旁听测验、对教学资料和与教学相关的各种文件的检查等，都是当前我国高校在收集高校篮球教师教学活动数据和证明时常用的方式方法，各高校要根据自身情况灵活调整使用，保证数据的客观真实、全面准确，保证能对教师的教学活动中显示出的优势及缺陷有准确的概括描述。

4. 使教师教学需要改进的要点有所明确

多方面综合收集教师教学数据和证明并进行分析的目的在于使教师对其优势和缺陷有更直观的认识，能够扬长避短，在教学过程中发挥自身优势，并能够从自身缺陷出发，针对性地改进、提高、完善教学计划。

在高校篮球教学中，开展教师教学评价的意义是为教师的教学行为反思提供参考。教师要注重从专家前辈、其他教师、学生与家长等多方面收集教学反馈数据与信息，分析并参考学习以提高教学水平。高校篮球的教学评价构建，要将教师的激励与导向作为目标，将推动篮球教师积极开展评价作为导向，将公平民主评价作为原则，尊重、强调教师在评价中的主体作用发挥，使高校篮球教学的评价过程切实成为不断推动教师提高教学水平、教学能力的过程。

三、高校篮球教学评价的创新改革策略

对于高校篮球教学创新改革来说，评价上的创新是必不可少的内容。而高校篮球教学的评价创新需要以评价的方法、标准与主体改变来共同作用实现。高校篮球教学创新改革中，评价创新是重要动力，针对当前社会及教育发展形势，使高校篮球教学评价发生创新就意味着要将评价目的从单纯的篮球人才选拔与教师奖惩转变到对教学质量全面提高的促进上来，将师生共同发展作为重点；意味着评价要从静态形式转变为动态过程，使教师和学生的教学主体作用能够在评价中得到发挥。这种转变的实现，需要选择并实施诸多创新策略。

（一）发展性策略

高校篮球教学评价的创新改革策略，首先要强调的就是必须坚持发展性价值取向，要坚持以人为本原则，关注师生"整体的人"的属性并站在这一角度重视教师和学生的发展，寻找教师和学生生活的世界同科学世界之间的平衡，寻求能够使学生构建主体知识的最佳方式。

1. 构建起教师发展理念

以教师作为发起者的高校篮球教学，有着与其他一般任务的相对不同之处，高校篮球教学是需要直接面对生命主体的活动，是需要通过生命来点燃生命的特殊活动。

这里强调要构建起篮球教师发展的理念，并不单指对教师在功利性层面、物质需求上的满足，也不仅意味着要使教师获得给予、付出后的情感满足。以教师发展为本，在重视上述两方面的同时，也不能忽视为篮球教师创建个人展示空间，使篮球授课教师能够自由地、有创造性地展开教学劳动，通过这一方式谋求自身的长远发展与不断完善。要认识到，在高校篮球教学评价的创新改革过程中坚持将篮球授课教师的专业发展与精神提升作为导向，这是将篮球教学创新改革落到实处的重中之重。站在目的角度上看，高校篮球教学的评价需要将导向转移到发展方面来，关注并使评价发挥其形成性功能。传统高校篮球教学中，评价的主要目的落在了奖惩与选拔、甄别上，将评价对象在评价中的表现作为奖惩依据，过度关注实现学校和班级组织目标，反而忽视了个体的目标实现状况。高校篮球教学评价的创新改革要能够对当前篮球教师的工作表现、工作状态有所关注和了解，从当前基础及教师自身目标出发，指导教师或创造更好的进修条件，进一步提高篮球授课教师的教学工作能力，使教师得到在专业上的发展，借助教师的发展来推动学校的进步，使篮球教师的专业发展同学校发展两者达成相互促进、协调进步的关系。站在篮球教师角度来看，同自身内部动机相对比，外界压力对其自身的推动作用明显偏弱，内部动机对篮球教师存在程度更深的激励作用。如何在收集了充足教学反馈信息的前提下发挥篮球教师的积极能动作用，使其内部动机得到激发，将在很大程度上影响高校篮球教学水平和教学质量。

可见，大力鼓励教师以更加积极主动、客观认真的态度参与到篮球教学评价中去是十分必要的。

2. 以学论教，将学生发展作为评价核心

在高校篮球教学评价的整体中，学生评价是重点。在"以人为本、以学生为本"要求的指导下，高校篮球教学评价必须是对学生意愿、心声的体现，在教学过程中学生是在课程质量高低问题上最具发言权的主体，因此有必要将学生评价落实到高校篮球教学评价过程的始终。高校篮球教学的创新改革，加强了对学生的关注，关注学生作为独立个体的发展属性及其体现出的各种不同特点。

高校篮球教学中学生是学习和评价的主体，对于任何评价，无论是教师评价还是学生自身评价，都需要将学生的全面发展作为中心，有关教学工作的开展需要从客观出发，以学生个体差异为前提，相关评价的展开有必要从情感、认知水平、技能、理论知识等多维度全方位进行。围绕学生评价的中心展开的高校篮球教学评价，从单一转向多元，从简单的教师评价转为教师评价、学生互评、学生评价、外界评价等多种方式评价的有机结合，将学生从评价的被动接受者转变成评价的主动参与者。同样，篮球教师的角色也发生了巨大转变，由占据着绝对权威地位的裁判转变成与学生共同参与学习活动的合作者与教练员。

3. 强调发展性评价导向作用

对大多数学生来说，高校篮球教学评价对其学习活动能够起到巨大影响。高校篮球教学评价的创新改革关注发展观，强调要将高校篮球教学评价对象视为有着完整性、个体性，有情感血肉的真实人，努力以客观、真实的评价途径推动学生更加全面、有效的综合发展的实现。强调评价对因材施教实施的支持作用，从每个学生的个性化需求满足角度出发，对其各有特色的发展过程作出客观评价，通过评价激发其自主学习意愿，树立积极进取、坚持不懈的学习精神，为达到更高目标而奋进。高校篮球教学评价的创新改革，必须重视其积极反馈的功能，突出评价在帮助高校篮球教学积极发展方面的各种作用。

（二）自我接受策略

当前高校篮球教学评价的创新改革重点之一在于其对教学评价过程中学生积极作用的关注与强调。自我接受的评价从本质上说是评价对象主观层面上积极构建价值的过程。换言之，评价结果需要能够产生自我价值，产生的价值必须来自自我选择。

高校篮球教学的自我接受评价策略，根据对象的不同可被划分成学生自我评价、教师自我评价两个部分。自我接受评价策略需要强调的方面如下：首先是评价的互动性。自我接受的策略要求评价对象的主动参与，即评价对象不抗拒他人、外界针对自身开展的评价，提出评价双方有必要开展互动，使评价者和评价对象能够建立起紧密联系。在高校篮球教学中，评价内容标准、既定目标、评价的落实以及评价结果的处理等都需要双方互动合作最终确定。其次是评价的个别性。评价的创新改革的最终目的在于对教学的改善和提高，重点是帮助每个学生在学习活动上有所改进和完善、帮助每个篮球教师在教学方式方法上有所反思和发展。从这方面来看，评价必须强调个别性，以每个教学参与者为单位进行评价，只有这样才能真正从每个教师与学生内部需求出发，提供有价值的反馈、高效性的支持。每个人都是有着特性的独立个体，只有强调了评价的个别性，评价对象才能主动自我接受。再次是将自我接受作为教学进程的衡量标尺。高校篮球教学的推进有其自身标准，而不能粗暴地以时间作为衡量，教师与学生能够根据标准自主决定下一个阶段的教学活动是否能够正式开展。而自我接受的价值在于标准同人相适应，而非迫使师生简单适应某一固定标准。最后是自我接受必须建立在自我更新的基础之上，不能一味死守既定的高校篮球教学标准不知变通。在教学实践过程中，根据教学的实际展开情况不断调整并适当引入新评价标准是有着很大必要性的，只有能够随时从其他主体给予的评价中分析总结出新评价结果，才能保证评价对象能够站在不同角度上发现自己的优势和不足，并根据新的发展对教学策略作出及时调整。

（三）标准生成策略

评价客体具有复杂多变性，评价实施需要依照的价值标准具有系统性和多元性，可知，对于高校篮球教学来说，评价标准问题的重要性不言而喻，其导向性功能在教学评价创新中有着核心作用。评价指标体系的设计实践中，必须将指标的导向作用考虑在内，使其能够在高校篮球教学的创新中发挥出应有价值。

评价的标准生成策略能够帮助评价对象对高校篮球教学的有效性、创新性有更加明确和清晰的认识，理解何种课堂才能被称为优质课堂。标准生成的策略也逐渐被越来越多的教育研究者、决策与实践者所重视。

1. 综合多方面学习理论构建评价指标体系

高校篮球教学评价主体针对教学时效性的观点与认知是篮球教学评价标准的首要来源。从各种理论前提出发，提出各种学习理论并以此为基础对高校篮球教学的实效性制定相应标准。行为主义持有如下观点，学习即以强化的方式使刺激同反应相互联系到一起，教师的任务和目标是向学生传授客观知识，学生的任务和目标是被动接受知识并努力完成由教师制订的目标。上述篮球教学目标毫无疑问，在教学过程中未能重视学生理解与心理变化发展的复杂过程，因而不被普遍认可。与之相对比，认知主义对知识加工与学习理解的演变发展过程更加关注和重视，认为在学习过程中学习者之间的认知结构有着重要意义。

"心理学家奥苏贝尔指出，篮球教学的目标在于指导学生开展具有实际意义和价值的学习活动。这里，学习的意义和价值不仅在于对高校篮球教学中的重要知识、技能、战术能够充分掌握，并且同时需要能够理解上述知识和技战术背后隐藏的实质性内容，换而言之，要对知识和技战术的概念事实、规则原理等有深刻理解。奥苏贝尔认为学习的接受必须关注意义性，高校篮球教学评价的指标需要关注教师是否对教学内容作出了科学合理的组织，给学生提供的材料需要是有着组织性、顺序性和结论性的，教师要能够灵活运用不同的教学策略引导学生开展有意义、有价值的学习"。"教育心理学家布鲁纳提倡发现式学习。发现式学习即教师并不直接向学生提供学习内容及结论等，而是为学生创建问题情境，教师担任学习促进者、引导者的角色，使学生在情境中自主发问，自主收集资料探寻问题解决方式。建构主义作为认知主义重要分支，关注点在学生主观认识方面，强调要构建能够刺激学生开展主动探索的问题情境"。[①]

从上述举例中可以看出，在评价侧重点方面，各评价理论持有的观点表现并不相同，然而不能否认，每种系统化的理论都有着独特的优势。我们需要站在当前时代背景下严谨思考，筛选并使多种理论基础有机整合起来，从整体角度确定评价标准，为评价创新的第一步打下坚实的理论基础。

---

① 肖春元. 大学体育篮球教学改革研究 [M]. 哈尔滨：黑龙江教育出版社，2019.

2.使高校篮球教学目标体系评价标准得到不断完善

高校篮球教学评价有着宽广的范围,基本上这一范围可被划分为两部分:静态化篮球教学要素、多元动态化篮球教学环节。其中,前者代指教学的目的、内容与方法,后者代指以教学目的、内容及方法为中心开展的,包括教师备课、师生上课、教师技术指导等在内的诸多环节。必须借助既定评价理念的指导,从篮球教学目标的依据出发才能顺利从上述评价内容中生成评价标准。教师必须对传统评价标准作出转变,将重点从结果性目标适当转移到过程性行为目标上来,要强调设计并不断完善过程性行为目标标准。

3.使评价标准具有多元、动态和开放性

传统篮球教学评价中,对教师的"教"过分关注,在高校篮球教学外显因素上强调颇重,针对高校篮球教学的创新作出的尝试偏少。过度重视"教"的每个环节,针对各环节都严格制定了相应标准,导致具体的评价操作过程中主次难以区分,要点模糊不清,对于篮球教学的创新来说并没有益处。需要认识到,高校篮球教学评价过程的改革创新和高校篮球教学相同,应该根据时代和师生发展需求转变为一个多元化、动态性的开放过程。

(1)伴随教学发展评价标准必须适当补充及丰富

有着多元动态开放性的高校篮球教学,对篮球教学评价标准提出了多元动态生成性的要求。高校篮球教学提出了空间开放性,其中包含三方面含义:首先,高校篮球教学不能够被束缚在篮球场地内,在当前情况下,高校篮球教学有必要打破过去的狭隘性,向课外拓展,开阔学生视野,并同时能够使其接受更多形式的各种锻炼;其次,要认识到在教学过程中环境并非一成不变的,室内摆设、各种器材设施也具有一定程度的动态性,应根据具体情况作出适当调整,创造有助于激发学生创新能力的教学环境,切忌一成不变;最后,教学要提供给学生充分的发展自由,使其在心理与思维上有充足的自我发展空间,充分放松的心态和自由张扬的态度才能使学生思维实现独立,在有着充足开放度的学习情境中学生才能自主锻炼、施展所学。因此,高校篮球教学评价同样切忌僵化性,不能将教学评价束缚在传统篮球课空间内,需要从大课堂背景出发创新构建多元化的评价标准;要摆脱传统教学模式中来自教材与既定评价标准的限制,将已有评价作为基础而非终点,绝不能在评价过程中的某点上停滞不动,在篮球课教学发展过程中,要根据当前情况适时适度地调整、补充教学评价标准，使篮球教学评价标准逐渐地更加充实，更加具有科学性。

（2）教学评价主体要注重拓宽视野

教师、学生及教学管理人员等来自各方面的参与者都是高校篮球教学评价的主体。身处全球化、多元文化的大环境中，若将评价标准局限在某一种角度上，在评价过程中坚持自我为中心，拒绝考虑来自其他评价主体的多方面意见，显而易见是同时代发展特色相背离的，通过这种方式得出的评价结果也无法真实、客观地表现出篮球课教学的实际情况。

（3）高校篮球教学评价要加强与课外的联系

传统的高校篮球教学评价标准重点关注教师和学生在篮球教学中的学习行为和表现，忽视了两者在篮球课堂教学之外的其他发展状况。根据当前教育发展形势、人才培养目标的变化，篮球教学评价需要适当从课内延展开来，关注教师和学生的课外行为表现，将师生在日常生活、校外行为表现也归入评价当中。

（4）高校篮球教学评价标准权重的调整

要使高校篮球教学评价具有多元、动态和开放性，不仅要对篮球教学评价标准作出创新调整，同时也要对各项标准的权重作出适当改变。针对在当前情况下能够帮助高校篮球教学的创新改革，对教师和学生长远发展能够起到积极效用的各种指标都有必要适当增加其权重。举例说明，可以减少对知识、技能传授量的评价权重，同时相应地在教师同学生的交往度、学生学习体验、学生思想品德培养、学生个性特长发展等方面的权重上进行适当调高，使传统高校篮球教学简单强调知识技能讲授忽视学生情感态度、价值理念发展的不良状况得到有效改善；对及格率权重进行适当减少，对进步率等指标权重进行适当调高，使传统高校篮球教学重视考试成绩、优待成绩好的学生，忽视相对落后学生、忽视学生具体发展情况的不良状况得到有效改善；此外，对高校篮球教学效率评价权重进行适当增加，即强调单位时间内所能够取得的教学成效，来缓解盲目追求教学目标而挤占师生休息活动时间等不良学习现象的频繁出现。

（四）信息化、服务化策略

若评价对象有充足的信息与建议支持，则其达成预期水平的难度会更小；若评价对象没有充足的信息支持或能够选择的机会过少，则其达成预期水平的难度会相对更大。对于篮球教学来说也同样如此，实践表明，在学习过程中学生如若能够通过科学有效的教学评价获得充足信息与有效的反馈，则会使学生产生更强的热情，更易取得学习进步。同时，科学、客观、公正的教学评价是各个教学环节的有力支持，因此对于高校篮球教学评价的创新改革提出信息化、服务化策略是十分必要的。由于高校篮球教学评价的信息提供价值，简单将其作为鼓励教学抑或是评定成绩的手段是一种浪费。从教学实践来看，每次评价过程都存在针对评价对象的潜在、隐性引导与教育，高校篮球教学评价在教学活动中发挥着不可忽视的服务性作用。传统高校篮球教学评价存在诸如主体单调、指标不合理、标准模糊、对象狭隘等多方面不足之处，导致高校篮球教学评价在篮球教学过程中没有发挥出其本身具有的积极导向作用。

篮球教学评价要对信息反馈与教学服务作用有充分的重视，要使这一方面的作用得到充分发挥，帮助教师开展自我反思及完善，为教师在后续高校篮球教学活动中的自我调整及更新发展提供支持，更要能够帮助学生更好地体验高校篮球教学、更客观深刻地反思自身学习行为，推动教师和学生双方的创新思维获得进步发展。

传统教学在评价功能上有着较大局限，主要表现在评价的主体有着单一集权性。在传统高校篮球教学过程中，评价的主体大都为诸如教务处处长、质量监控科科长等来自管理层、行政部门抑或是教研专家等，评价主体过于单一存在很大弊端。首先，评价者在知识能力、个性爱好、经验认识、思想道德观念等各方面都必然存在主观和局限性，必然会使篮球教学的价值判断具有较为凸显的个人主观倾向；其次，评价仅仅由评价者单方面开展，缺少同其他诸如评价对象等参与者的深入广泛交流，忽视了执教者自评及受教学生的主观感受，信息交流的单向导致了评价"互补"未能实现。

为改善上述不良状况，近年来，教育界在鼓励、倡导高校篮球教学的执行者与各方面参与者，如任课教师本人、同行、受教学生等，也积极参与到高校篮球教学评价之中，构建多元化、合作性和开放化的篮球教学评价模式，旨在通过评价主体体系信息交流的提高，加强评价结果的科学性和客观性，使评价结果能够起到更强的教育教学推动作用。

(五)多元合作策略

高校篮球教学评价要求主体需要是处于各个不同层面的群体。多元合作策略即强调评价的多元合作性,旨在使篮球教学评价更加充分客观,能对评价对象的信息作出全面深入的了解和展示,也能综合各种视角作出全面判断,为篮球教师提供更好的教学服务。

1.评价主体体系构建

要做到构建高校篮球教学评价的多元化主体体系,就要将教育界及体育界专家、用人单位、其他教师、教学管理单位、家长学生等都归入评价主体体系中来,确保意见建议来源的全面充分。在高校篮球教学评价中,教研、行政部门及教育学专家在篮球教师授课活动的评价上占据着主导作用,教师在对学生学习活动的评价上占据着主导作用,家长以及其他各方面社会力量同时在学生方面的教学评价上起着配合作用。

总而言之,要重视篮球授课教师与受教学生同时作为评价者与被评价者的属性,需要双方积极参与到教学活动的评价过程中,保证评价结果的公正公平,确保发挥评价的作用推动教师同学生的教学相长,最终实现高校篮球教学在整体上的持续创新与进步发展。

主体的多元是评价多元合作的必要前提,换言之,评价行政权需要被分给其他评价参与人员,即评价的"授权"。在篮球教学过程中"授权即权利授予,同时也是一种信任的表现形式,相信教师与学生对自身的价值判断能够保证科学公正"。《中华人民共和国教师法》的相关内容使教师自评具备了法律依据:"考核应当客观、公正、准确、充分地听取教师本人、其他教师以及学生的意见。"教师法对篮球教师与学生的自我评价权利作出了明确规定,指出自我规定能够影响外部评价结果。在高校篮球教学中,可由多主体共同展开对教学的评价。

(1)学生评价

根据评价对象的不同学生评价可以被分为两类:首先是学生自我评价,其次是学生相互评价。学生的自我评价是针对自身学业为对象开展的自我总结与评价,分析之前收集的有关学习表现的观察与记录资料,评价自身在单位教学时间内,或某一具体教学学习任务的完成过程展现出的现阶段能力水平。篮球教师有责任、有义务指导受教学生开展自我评价，帮助受教学生通过评价发现自身在篮球理论知识、技战术掌握以及情感态度培养等多方面的不足之处，指导学生在发现不足的基础上开展针对性提高与修正训练。将学生融入评价体系中并成为多元主体的组成部分，也体现了篮球教学的人文性、民主化，学生能够借助访谈座谈、问卷调查等途径，参与评价高校篮球授课教师制定的教学目标、内容、组织、方法等各方面，使教师能够获得更多有关其教学活动所取得的教学效果的反馈。

（2）自我评价

在多元教学评价中，教师的自我评价是普及性最高的实践方法之一。将教师的自我评价归入高校篮球教学评价之中，本质上是教学管理者对一线教师的一种"授权"，体现了对一线授课教师的尊重与信任，由教师对自身的辛勤教学工作的价值作出科学、公正的判断，能够帮助教师树立教育教学的主人翁意识，有利于激发教师对多元教学评价的参与热情，使教师在教学积极性上有所提高。篮球教师自我评价主要可通过如下三种方式表现出来：一是从其自身实际情况出发深入分析自我并在此基础上开展关于自身的评价；二是将教研室的其他篮球教师作为参照对象开展全方位对比并在此基础上开展关于自身的评价；三是将他人对自己的评价作为参考分析并在此基础上开展关于自身的评价。受评价尺度、评价角度等因素影响，三种不同方式的评价难免存在或多或少的误差。篮球教师需要关注到这一点，保持最大限度的客观性，理智对待来自他人以自身为对象的评价，认真审视，深入分析，避免盲目接受和全然否定两种极端态度，要以他人立场、他人视角审视和分析对自身评价的合理性。教师在选择同事作为参考对象开展对比时，要注意选择对象的可比性，切忌过高或过低，最大限度地追求评价的客观性和真实性。

（3）同行互评

高校篮球教学的多元评价中，同行互评也是重要组成部分，篮球授课教师之间的同行互评主要是通过旁听课以及诊断教案来实现的，教师之间的相互评价同样是民主教学的重要体现。其中，听课评价即在篮球教师授课过程中，本教研室教师同时加入篮球场地中，对教师教学活动进行详细考察，在此详细考察的基础上开展有效评价。听课评价是从不同教师处获得有关篮球课质量优劣反馈结果的最直接方法，能够帮助教师掌握高校篮球教学中自身未能注意到的细枝末节之处，对出现在课堂中的各种小问题作出针对性改进完善，使自身教学水平更上一层楼。诊断教案即评价对象将自己制定的教学目标、内容、方法等一一呈现并接受来自同行的全方位评价，同行教师针对上述若干方面提出参考建议，帮助篮球教师提高教学实效性。

（4）专家评价

高校篮球教学多元合作评价中，专家评价是补充环节。专家评价具有鲜明的诊断性特点，校方聘请业内专家、学者到篮球教学现场，对教学活动开展评价与指导工作。专家评价能够起到督促推动作用，使篮球教师更加积极主动地寻找并解决问题，努力改善教学质量。来自业内业界专家、学者的评价更加客观、科学、真实，普遍来说，众多专家学者的立场更加客观，针对教学提出的问题与建议也更加真实可靠，一方面能够使篮球教师视野得到开阔，另一方面也能使篮球教师科学判断其所处教学现状。同时相关实践也表明，优秀的专家评价具有培养引导作用，能够帮助篮球教师根据自身情况养成科学有效的教学风格。

2. 养成并构建多元合作风气与机制

高校篮球教学评价的多元合作策略，不能只是心血来潮，不能成为仅凭一时兴趣而被短暂热捧的评价策略，多元合作策略必须形成长期、长效的习惯，需要能够同高校篮球教学实际相互结合起来，根据具体情况制定科学方案，构建科学合理的合作评价机制。要坚持评价过程中整个体系内部的相互合作、沟通交流，使评价对象在评价活动中的主观能动性能够被充分发挥出来，推动高校篮球教学向相互促进、彼此信任的良性循环模式发展。

（1）要强调主体的多元

高校篮球教学参与者需要保持积极主动、开放协作的心态，积极欢迎多元主体加入篮球教学评价过程中，通过多主体的参与评价为评价过程提供客观、有保障性的心理环境。

（2）要使多主体产生参与评价的热情

多主体参与教学评价，不同主体表现出的评价热情必然不会相同，与评价结果联系更加紧密的主体将表现出更强的评价热情，而评价热情的高低对评价成效起着正相关的作用。高校篮球教学评价有必要充分调动评价主体的参与热情，要使各个评价主体都能够切身体会到评价对自身发展的重要意义。

举例来说，要鼓励学生加入高校篮球教学评价中，篮球授课教师需要摒弃高高在上的裁判式评价，在课堂内建立平等合作关系，引导学生形成与其他学生、教师相互合作的客观评价方式；篮球教师需要能够充分利用其自身在教学过程中的主导与主体地位，引导学生在对篮球教师开展评价的过程中保持客观认真的态度，使教师能够及时准确地收到学生心声，从其中产生前进发展的动力，树立教书育人的使命感、责任感。

（3）构建定期、不定期相互结合的评价制度

有部分教师、学生和家长将评价与检查等同起来，然而在实际教学中，篮球教学评价是高校篮球教学必不可少的组成内容，教学评价的目的不在于检查，而在于推动和促进发展。在定期评价中，各方面参与者会有更加充足的准备时间。在不定期评价中，各方面参与者会有更加自然和真实的评价情境，在情境性测评中获得更多展现机会。可以说，定期和不定期两种测评方式各有作用，两者相互之间不可被取代，需要将这两种评价方式灵活结合起来，综合运用。

（六）"对话——交往"策略

当前社会环境下，无论是思想价值取向还是文化信息传播等都展现出了鲜明的多元化色彩，若在评价领域用强制方式力争统一认识是违背客观历史发展趋势的，可见，在高校篮球教学评价中坚持"对话——交往"策略是十分重要的。"评价即对话"是多元时代背景下高校篮球教学评价发展的必然趋势。

1. 需要在评价中构建多重关系

在高校篮球教学评价过程中，无论是评价者同教学参与人员、调查者同被调查对象，还是评价者同被评价对象，相互之间的对立性矛盾都是客观存在不可消除，然而必须认识到，上述全部矛盾并非简单的"敌我"矛盾，几者之间不存在非此即彼的关系。在评价过程中，几者之间呈现"多"对"多"的关系，评价主体"多"，如行政领导、教研主任、专家学者、其他教师等，评价对象"多"，如教师、学生、篮球课质量效率等。由此可见，高校篮球教学评价从内在构成来看呈现多对多的关系。

2. 需要构建长期的多元对话平台

高校篮球教学是多元化、动态性的长期活动过程，篮球教学评价因此也不可能一次性解决全部问题，教学评价必须常态化，必须有多方主体的长期有效沟通和交流做支持。怎样构建起常态的交流沟通渠道是实施"对话——交往"策略的重点所在。

（1）构建多层次评价平台

学校内部，可由篮球教研室发挥领导带头作用，定期召开例会，通过这一方式为篮球教师提供集体评课、备课机会。校方可充分利用当代信息技术，设置篮球教学论坛专区，对篮球教学中的问题进行相互沟通。在高校篮球课堂教学环境中，教师发挥主导作用，定期以会议形式为师生之间以及学生相互之间的交流构建空间，使学生在高校篮球教学评价方面获得更多机会。另外，教师要主动设置教师信箱、留言簿等，为学生意见表达提供更多渠道。在网络虚拟环境中，要面对全体师生丰富并敞开网络资源，利用网络资源交流的方式实现相互学习、相互借鉴，同时，也充分利用网络的虚拟性，给师生构建匿名的评课空间，加大评价的自由性。

（2）鼓励并养成对话习惯

在评价过程中，"当面不说，背后乱说"的滥用、误用现象屡见不鲜。评价的主要目的在于推动评价对象的改进发展，"背后乱说"的最主要原因在于评价者和评价对象之间缺乏正面对话，交流不顺畅，导致误判、误导出现。因此，在高校篮球教学过程中（而非教学评价过程中）需要保持广泛的对话与交流，将其变为教学活动中的习惯，减少参与教学和教学评价活动的各方彼此之间的误解与冲突，并使评价的客观性更强。

（3）建立真实、平等对话机制

在高校篮球教学评价的创新改革中，稳定、长期的对话协作评价机制是必要条件，这种对话协作评价机制使评价者以及高校篮球教学的各方面参与者都在制度层面上有了多元化交流空间。某些情况下，行政权力高于教学权力，在这种情况下自上而下的评价实施使基层情况很难传递到上级决策部门，导致在评价过程中，反复强调多元性，鼓励不同参与者发出各种声音、提出各种建议，然而操作实践当中依旧某一个声音起决定性作用。可见，评价过程中建立真实、平等的交流对话机制是十分必要的，要为多种价值主体的共同展现提供平台，使其通过展现消除高校篮球教学中既定评价标准的绝对权威。鼓励、引导篮球受教学生积极融入教学评价，给学生创建顺畅的对话平台，创建更为真实、自然的交流沟通，建立在这种交流沟通上的评价也将更加客观而真实。

第四章 高校篮球运动训练

本章内容为高校篮球运动训练，介绍了高校篮球运动训练理论基础、高校篮球运动技术训练、高校篮球运动战术训练、高校篮球运动体能训练、高校篮球运动心理训练。

第一节 高校篮球运动训练理论基础

一、篮球运动训练的生理学基础

（一）人体运动的氧运输系统

1. 需氧量

需氧量指的是维持人体正常生理活动的氧量，身体健康的人在安静状态下每分钟需氧量是250毫升。

在篮球运动训练中，训练内容、训练时间以及训练强度等都会影响篮球运动员的需氧量，基本规律是需氧量随运动强度的增加而增加。

篮球运动员要想不断提高自己的训练水平和竞技能力，就需要在篮球运动训练中不断增加运动量与运动负荷，而随着运动强度的增加，机体需氧量也会相应增加，此时如果氧气供应不足，就容易出现氧亏现象，从而影响正常训练。

2. 最大吸氧量

最大吸氧量指的是在需要大量肌肉群参加的力竭性运动中，当氧运输系统中的心泵功能和肌肉的用氧能力达到本人最大极限时，人体单位时间内摄取的氧量。

运动员的最大吸氧量受遗传因素的影响，年龄与性别因素也会影响最大吸氧量。

在最大吸氧量的影响因素中，上面提到的遗传、年龄、性别及运动训练因素的影响比较明显，因此将其称为显性因素。除此之外，还有一些潜在的隐性因素也对最大吸氧量有影响，如呼吸、肌肉代谢等，这些潜在因素也是限制因素，因为它们对最大吸氧量产生的主要是限制性影响。

最大吸氧量有两种测定方法，即直接测定和间接推算。直接测定具有一定的危险性，间接推算法相对更安全，如瑞典学者 Astrand-Ryhmin 提出的列线图法（如图 4-1-1）。

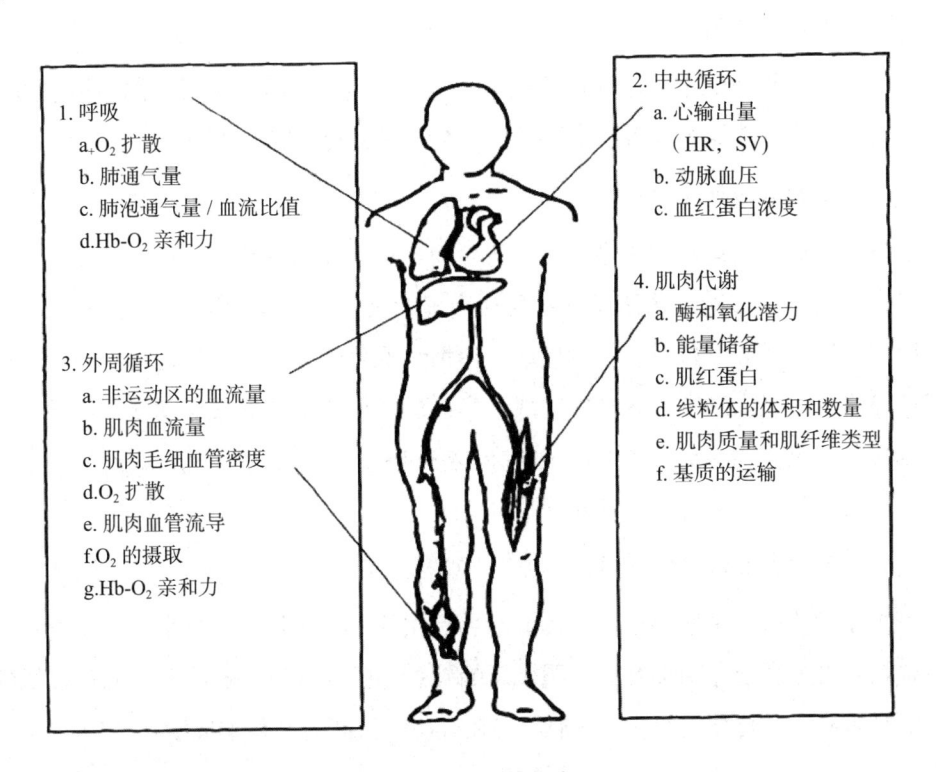

1. 呼吸
   a. O_2 扩散
   b. 肺通气量
   c. 肺泡通气量/血流比值
   d. Hb-O_2 亲和力

2. 中央循环
   a. 心输出量
      （HR, SV）
   b. 动脉血压
   c. 血红蛋白浓度

3. 外周循环
   a. 非运动区的血流量
   b. 肌肉血流量
   c. 肌肉毛细血管密度
   d. O_2 扩散
   e. 肌肉血管流导
   f. O_2 的摄取
   g. Hb-O_2 亲和力

4. 肌肉代谢
   a. 酶和氧化潜力
   b. 能量储备
   c. 肌红蛋白
   d. 线粒体的体积和数量
   e. 肌肉质量和肌纤维类型
   f. 基质的运输

图 4-1-1 列线图法

（二）能量代谢

在篮球运动训练中，有氧和无氧代谢系统共同发挥作用，但只有训练中最强负荷阶段的时间才能称作有效负荷时间。单纯从篮球运动的比赛时间来看，机体供能形式主要是有氧代谢供能，但从有效攻防技术的有效负荷时间来看，无氧代谢供能才是主要的供能形式。因此分析篮球运动训练的能量代谢供能特点时，不能只看比赛时间或训练实践，而要从有效负荷时间着手从本质上进行把握。

在篮球运动训练中，能量代谢系统提供 ATP（三磷酸腺苷）的百分比与竞技时间有直接关系，主要规律是无氧供能的强度随竞技时间的缩短而提高。

二、篮球运动训练的心理学基础

（一）心理因素对篮球运动训练的影响

1. 智力对运动训练的影响

在篮球运动训练中，运动员的记忆力是否精确、观察力是否敏锐、想象力是否丰富，以及思维能力是否迅速等都会影响篮球运动训练的效果。

2. 情绪对运动训练的影响

篮球运动员在运动训练中是否具有活力、运动能力能否正常或超常发挥，直接受自身情绪的影响。情绪良好、精神饱满的运动员往往能够全身心投入训练，坚持完成训练任务，挑战更好的成绩。而情绪低落、无精打采的运动员在训练中很难将注意力集中到训练任务的完成上，无法发挥自己的正常运动水平，导致训练成绩不理想。运动员个体的情绪还会影响到整个运动队的士气，因此运动员要避免自己的不良情绪给队友造成负面影响。

3. 意志对运动训练的影响

篮球运动训练是培养运动员良好意志品质的重要途径，反过来，运动员坚强的意志品质也会给运动训练带来积极影响，意志坚强的运动员能够对动作技能的运用更加熟练，通过长期的训练而获得良好的竞技能力和运动成绩。

（二）篮球运动训练中心理疲劳与控制

1. 运动心理疲劳的概念与表现

运动心理疲劳是一种综合征，泛指情绪和体力耗竭感、成就感的降低和运动被贬值的综合表现。

运动心理疲劳的症状主要有安静时收缩压增高、肌糖原下降、体重减轻、肌肉长期疲劳、疼痛感明显、消化功能下降、情绪低落、心境紊乱、精神不振等。

2. 运动心理疲劳产生的机制

（1）投入模型

施密特（Schmidt）和施泰因（Stein）提出的投入模型的基本理论是，在运动训练过程中，运动员的投入和获得的评价直接决定其是否继续训练，有些评价能够使运动员继续训练，而有些评价则使运动员因心力耗竭而无法继续训练，评价内容包括运动员在训练中的投入、付出的代价、心理满意度以及训练效果等。通过对这些内容的评价，可以预测运动员是否能够继续参加运动训练。

运动心理疲劳产生的投入模型，如图 4-1-2 所示。

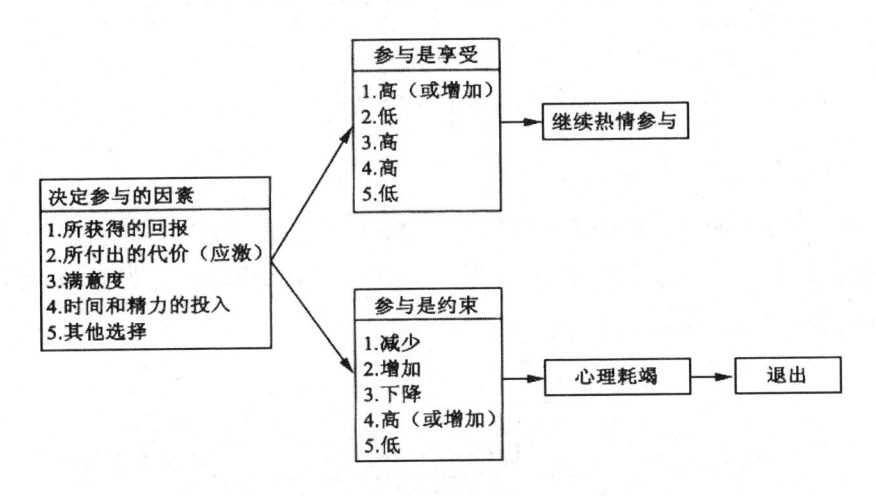

图 4-1-2　运动心理疲劳产生的投入模型

（2）认知—情感应激模型

史密斯（Smith）提出的认知—情感应激模型是一个典型的心力耗竭模型，他指出，运动员在运动训练中的心力耗竭与应激有关，运动员在长期应激中如果无法适应，则会退出运动训练，这种不情愿主要表现在身体、心理及情感等方面。在认知—情感应激模型中，心力耗竭的产生主要分为四个紧密联系的阶段，如图 4-1-3 所示。

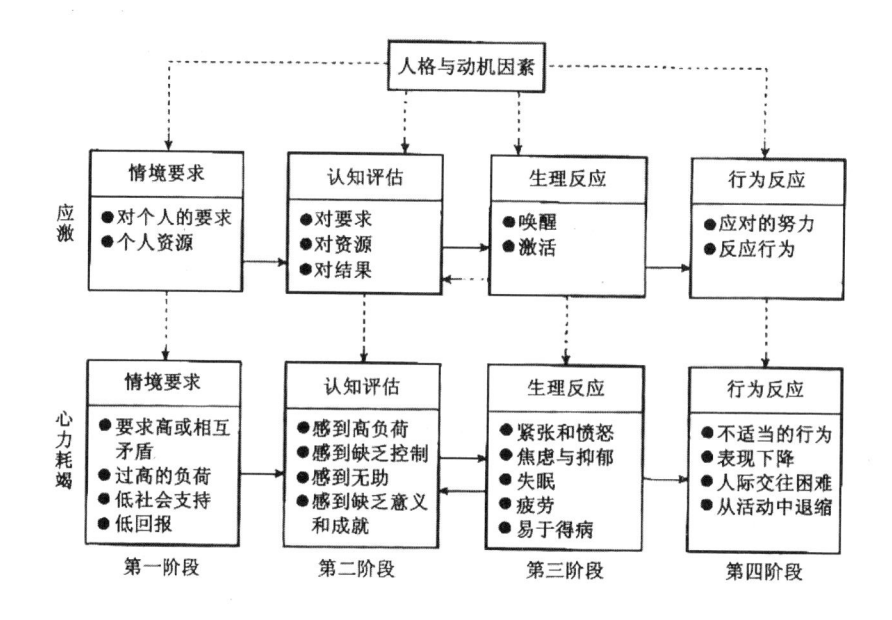

图 4-1-3 认知—情感应激模型

（3）消极训练应激反应模型

席尔瓦（Silva）提出的消极训练应激反应模型的基本理论是，运动员对训练应激的消极反应是运动员在运动训练中心力耗竭的主要原因。消极训练应激反应模型的基本框架如图 4-1-4 所示。

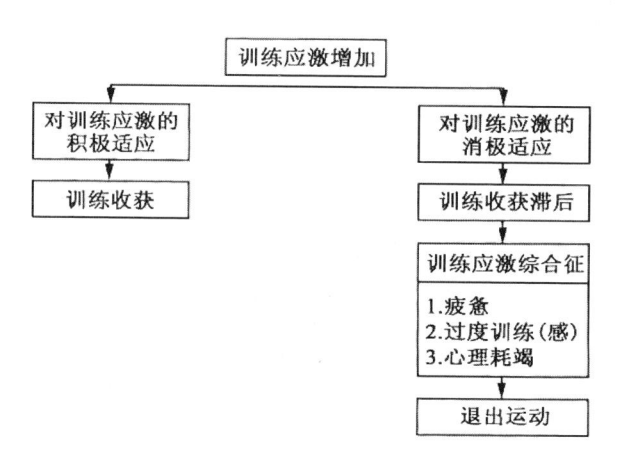

图 4-1-4 消极训练应激反应模型

篮球运动员参与运动训练主要以提高运动成绩为目的，而要实现这一目的，篮球运动员就必须尽快适应运动训练中的应激，如果无法适应，则容易引起心理疲劳，并影响训练效果。

3. 运动心理疲劳的消除

篮球运动员可通过心理疗法来缓解和消除在运动训练中出现的心理疲劳。心理疗法主要是通过对心理学理论、原则和技术的应用来矫治各种心理、精神、情绪和行为障碍或严重的情绪困扰的特殊治疗手段。这种手段有助于帮助运动员放松神经与精神，减轻运动员的心理压抑程度，使神经系统恢复正常工作，从而促进其他身体器官、系统的恢复，进而消除疲劳。

采用心理疗法消除运动心理疲劳时，要分析心理疲劳产生的原因，在此基础上有针对性地采用具体的治疗方式。常见的心理疲劳调节方式有调整训练、自我评价、设定目标、求助社会及培养兴趣。

三、篮球运动训练的运动学基础

（一）人体运动系统的基本构成

1. 肌肉

肌细胞是肌肉的重要组成要素，同时也是肌肉的基本功能单位，由于肌细胞形状细长，因此也被称为肌纤维。

作为肌肉的重要形式之一，骨骼肌有着非常重要的作用，而且在人体内分布广，数量多，是人体运动系统的主体构成。

2. 骨骼

骨骼作为人体运动系统的重要组成部分，发挥着重要的杠杆作用，正因为如此，人体运动才能更加灵活。骨骼还能对人体器官加以保护，储备微量元素，同时还能支撑身体，这些都是骨的主要作用。

骨有很多分类方法，按照骨的分布，可将其分为四肢骨和中轴骨；按照骨的形态，可将其分为长骨、扁骨、短骨和不规则骨。

3.关节

关节是骨与骨之间的连接，连接人体骨骼、支撑并保护人体等是关节的主要作用。关节能够在有效稳定骨骼的同时使骨骼保持一定的灵活性，人体所有运动都是通过关节的活动实现的。

（二）篮球运动技能形成的相关理论

1.人体的适应能力及超量恢复理论

篮球运动训练的过程实际上是运动员的机体不断适应外界环境变化的过程，在运动训练过程中，运动员身体各器官系统受到不同的刺激而发生适应性变化，包括肌肉、骨骼、心肺功能等各方面的变化。

运动训练后，运动员在训练中消耗的能量及运动器官的疲劳会逐渐恢复到运动前的水平，甚至比运动前的水平更高，这一机能状态反应就是"超量恢复"。当前，超量恢复原理是现代大运动量训练的重要理论依据和基础。

运动训练实践表明，人体超量恢复保持的时间不会太长，这就要求通过相应措施来尽可能巩固超量恢复的效果，减缓其消失的速度。一般来说，人体运动疲劳恢复的时间越长，则超量恢复的时间也保持得越久。

2.运动技能形成理论

运动技能的形成过程包括以下4个阶段。

（1）泛化阶段

运动员练习专项动作技能的初期，经过分解示范和自身实践而逐步形成感性认识，产生对动作技术的初步印象，但因为还未深入认识技术动作的内在规律，也没有形成稳定的条件反射机制，所以便产生了泛化现象。

（2）分化阶段

分化阶段是运动技能形成的第二阶段。在这一阶段中，运动员对动作技能及其内在规律会形成初步的理解，并初步掌握运动技能。

（3）巩固阶段

经过反复练习后，人体的运动条件反射机制趋于稳定，动作技术的准确度、优美程度也有所提升，运动员可以较为省力和轻松地完成练习。

（4）动作自动化发展阶段

动作自动化发展是动作技能建立的最后一个阶段。在这个阶段，运动员要时刻注意检查自己的动作质量，及时纠正细微的错误，以免将变形的动作形成习惯。

第二节　高校篮球运动技术训练

篮球技术指的是篮球运动中的各种技术性动作。篮球技术是篮球运动员的必备技能。此外，篮球是一项集体对抗性运动，因此篮球运动员不仅要熟悉篮球的对抗性技巧，有效地运用战术，而且要懂得团体合作，这样才能在比赛中发挥实力。篮球比赛的成绩说明，运动员掌握的技术动作越多，技术水平越高；战术应用越明智，比赛中的主动性就越强。

篮球战术的基础是篮球技术。没有技术就没有战术。任何篮球战术的有效实施都是以运动员熟练的技术动作为前提的。战术的发展和转化需要依靠运动员全面、熟练、先进的技术，而篮球战术的不断发展和进步将带动技术的发展和提高。篮球的技术与战术是相互影响、相互促进的关系。

篮球技术分为进攻技术和防守技术两大类。每一类又可以分为许多技术类别，不同的技术动作具有许多不同的使用方法，并且可以在不同的条件下执行不同的技术动作。

一、篮球技术的概述

（一）篮球技术的概念

篮球技术的基本含义应从动作方法和实际运用两个方面进行阐述。

篮球技术包括进攻技术和防守技术，是各种技术动作的总称。其主要有：控球动作（与接收、传球、运球、投篮等有关）、移动动作（与脚步、跳跃、停止、旋转和其他非球类运动有关）、抢球动作（如接球、切球、投球等），以及由这些动作进行各种组合形成的动作系统。篮球技术也应符合人体运动科学的原理，并显示运动员的个性特征。它可以解决比赛中某些进攻和防守任务，并反映出行动方法的特殊性和合理性。

篮球技术也是运动员在进攻和防守情况下适当运用特定动作的能力。这不仅是动作方式的重复，而且是运动员的自觉动作和运动技能。因此，运动员当机立断，运用技术动作来与队友协作对抗对手也是他们的智力、体力、技能、经验和创新等各种能力的综合。

（二）篮球技术的基本特征

篮球技术的基本特征表现如下。

1. 身体动作与控制支配球的结合

篮球技术与其他体育项目相比最明显的特征是运动员直接用双手控制球，并与整个身体协调以形成各种特殊动作，通过控制整个身体的动作来控制球，展现篮球技巧的魅力。

2. 动态与对抗的结合

篮球比赛本身是进攻和防守对抗的动态过程。所有篮球技术都是在动态和对抗中得到实践的。篮球动作快速、准确、实用和多变，多项结合是篮球技术的另一个特点。

3. 相对稳定与随机应变的结合

任何运动技术都具有相对稳定的动作联系，篮球技术也不例外，但它必须随着环境的变化、对手的变化而变化，并及时使用技术以应对对手的动作。运动员必须将在攻守对抗的不同条件下的行动结合起来，并以灵活和创新的方式执行攻守任务。

4. 规范性与个体差异的结合

任何体育技术都必须遵守科学原则并具有一定的规范。某些动作连接的规则会影响球的控制和效果，因此运动员在比赛时必须按照规则进行操作。但是，运动员由于个体差异，其动作会表现出不同的特征。在实际的训练和比赛中，我们不应坚持采取计划行动的形式，而应强调实际效果。标准化和个人差异的结合是篮球技术的特征，其中篮球技术发挥着更大的作用，特别是一些具有技术专长的运动员更是拥有非常鲜明的个人风格。

(三)篮球技术风格和流派

技术风格是指运动员或团队整个技术系统所表现出的成熟、常规的动作特点。技术风格的基础是技术体系和专业技能。在中国篮球运动发展的初期,有所谓的"北派"和"南派"。在国际上,美洲、欧洲和亚洲球队也有不同的风格与体系。由于不同国家的实际情况和地域特点等因素的影响,各国球队形成了不同的技术特点和体系风格。

(四)篮球技术结构

篮球的技术结构是一种有针对性的运动,它基于人体的骨骼肌肉结构。人体解剖学、运动学和动力学的知识体系是运动结构的理论基础。为了研究技术动作的原理,人们有必要了解人体肌肉骨骼系统的机械特性,骨骼、关节和肌肉的杠杆活动,肌肉活动与人体主要运动之间的关系。人体运动必须遵循一定的力学定律和原理,并与篮球技术运动的特性结合使用。

此外,在训练篮球技术的过程中,"球感"也起着非常重要的作用。"球感"是一种人在长期训练中获得的特殊感觉。这种复合感觉的形成过程是人通过运动中的视觉分析、运动分析和触摸分析仔细分析外界的刺激,然后通过练习加强,从而在大脑皮质中建立了稳定的神经连接。因此,运动员需要不断地加强基础技能培训,如果长时间不练习,"球感"就会慢慢消失。良好的"球感"也是篮球运动员的重要心理标志。

二、移动技术

移动技术是篮球比赛中运动员为了改变位置、方向、速度和争取高度所采用的各种脚步动作方法的总称。

移动是篮球技术的基础,与其他进攻或防守技能密切相关。在进攻端使用的移动技术包括选择位置、摆脱防守、空切或换位、传球、投篮、持球推进和突破等技能。在防守中使用的移动技术包括保持或占据有利位置、阻挡对手、阻止进攻、摆脱追赶、协助防守、采取及时果断的动作、抢断和争球等。

(一)移动技术分析

移动的动作结构主要是由以脚踝、膝、髋关节为轴的多个运动组织合理组成的。移动是由准备姿势和身体协调用力两个主要环节组成的。

1. 准备姿势

运动员必须在场上保持稳定的姿势，以保持身体平衡和更大的适应能力，以便于快速、协调移动并执行各种动作。准备姿势：双脚张开站立成与肩膀大致相同的宽度，步法平坦且成一定角度，双膝微微弯曲和略微缩回，重心落在双脚之间，脚跟稍微抬高身体并略微抬起上身向前倾斜，将双臂自然弯曲并放在身体侧面，同时观察周边情况。

2. 身体协调用力

在篮球运动中，脚步动作利用脚和地面的作用力及反作用力在地面上进行前脚掌蹬地或脚后跟着地，从而可以实现各种动作变换。脚在地面上施加的力与腿部的拉伸力是密不可分的，即脚踝关节、膝盖和髋关节预先弯曲到某个角度，然后主动拉伸，从而通过脚施加力作用到地面。同时，协调腰部和臀部，以便在地面上施加力、协调力或增加力，并利用地面支撑的反作用来克服身体的重力和惯性从而达到平衡。在运动中人们需要控制和转移身体的重心，这样才能起跳。尽管各种动作都是通过下肢的脚踝、膝和臀部肌肉进行主要支撑，但它们也与身体其他部位协调、紧密地联系在一起。特别是腰部和臀部的强大协调力在驱动上半身协调运动以及调整或转移身体重心方面起着非常重要的作用。

（二）移动技术的动作方法

1. 起动

以基本站立姿势作为准备动作。一开始，上半身迅速向前弯曲或转向侧面。同时，后脚的前脚掌踩在与起动方向相反一侧的地面上，手臂主动摆动，两只脚交替踩在地面上。起动应该简短快速，并在最短距离内使用最快的速度。

2. 跑

运动员可以通过跑动来改变移动方式。在篮球场上的奔跑具有快速、多变的特点。跑动也是篮球运动员的基本技能之一，在篮球比赛中发挥着重要作用。篮球比赛中的跑动一般分为下列3种情况。

（1）变速跑

变速跑是使用速度变化来执行进攻和防守的一种方法。

动作方法：加速时，将上半身快速向前倾斜，用力蹬地，一开始起动速度要快，手臂进行相应摆动；制动时，步幅和蹬地力可以稍大一些，并且上半身伸直，前脚在地面上施加力，减慢向前的冲力。

（2）变向跑

变向跑是指运动员在跑动时突然改变方向以摆脱防守或封锁进攻的一种方法。

动作方法：以从右向左奔跑为例。从右向左奔跑时，后脚掌向内站住，迟一步落地，使用前脚内侧蹬地，弯曲膝盖，并将腰部向左扭动；向前倾斜躯干以移动重心，并用左脚向左移动，这一步应该很快，保持右脚站立，并继续快速移动。

动作要点：用右脚踩地面，弯曲膝盖，转移重心，然后第一步改变方向，快速前进。

（3）后退跑

后退跑是一种从进攻到防守时的跑动方式，目的是及时观察场上的情况。

动作方法：抬起两脚后跟，用脚前掌交替蹬地，主动收回小腿向后跑，上身放松，双臂肘部弯曲，协调摆动，保持身体平衡。

动作要点：脚跟抬起、脚蹬地、腿伸直、双臂配合。

3. 急停

急停是运行中突然制动的一种动作方式。它是各种步法衔接变化的过渡动作。

跳步急停：用单脚或者双脚起跳，上肢稍后仰，两脚平行或前后同时着地，屈膝重心落在两脚之间，两臂屈肘微张保持身体平稳。

动作要点：踏出第一步停止时，脚底触地、屈膝、上身侧转移重心；第二步将身体内部的推力扭转过来，转移到臀部下面，放低重心。

4. 转身

转身是一种改变身体方向的方法，用一只脚作为轴，另一只脚随着地面向不同方向移动。转身在比赛中被广泛使用，并经常与其他技术动作相结合。

动作方法：转身时，重心应移至中轴脚，另一只脚前掌内侧推地；与此同时，中轴脚的前掌要用力磨地；腰部应带动上半身随着脚的移动而旋转，改变身体向前或向后的方向；保持重心稳定，移动时不要上升或下降，当运动员在转身时，将重心在两脚之间来回移动。

转身可分为前转身和后转身，移动脚以脚尖方向为轴做弧形运动叫前转身，移动脚以脚后跟方向为轴做弧形运动叫后转身。

动作要点：降低重心，中轴脚用力推转，保持平衡。

5. 滑步

滑步需要运动员保持身体平衡，其可向任何方向移动。它是运动员在防守时的主要步法。它可以分为3种类型。

（1）侧滑步

双脚向左右张开，比肩膀略宽；保持膝盖弯曲，降低重心；双臂伸展，身体微微前倾，盯紧盯防对手。当运动员向左滑步的时候，运动员的左脚向左移动，同时运动员的右脚跟随左脚做一个连续的运动。当运动员向右滑步时，动作与上面相同，只是方向相反。滑行时运动员要注意身体重心的平稳，控制防守区域，双脚迈大步幅，但不要跨步。

（2）前滑步

从双脚前后站立开始；向前滑动时，前脚向前迈一步；着地时，用后脚前掌内侧蹬住地面。

（3）后滑步

动作方法与前滑步相同，但方向相反。动作要点：蹬地、步幅要协调，有力，身体滑行平稳，双臂伸展。

6. 后撤步

后撤步是一种改变前脚与后脚移动的方法，它的目的是使防守运动员能够保持一个有利的位置，特别是当进攻运动员准备进行突破时，防守运动员通常会快速后撤并通过滑步或跑动来移动。

动作方法：后续滑步的步频要快，后续步要快速蹬地，并伴有一定程度的辗转，在撤步脚着地瞬间，要快速跟随，向移动方向滑动，并保持防守的基本姿势，以保证后续防守移动的机动性和灵活性；撤滑步时要保持屈膝且上肢稍前倾的身体姿势，不能因为撤步而上肢后倾，以致失去对身体平衡的控制。

动作重点：前脚蹬地迅速后退，后脚带动腰部积极旋转臀部。

7. 碎步

碎步又称滑跳步，是防守性步法之一，多用于外线防守。

运动方式：双脚张开站立，略宽于肩膀。双膝弯曲时，前脚不停蹬地，然后以较小但快速的步伐左右移动。

8. 跳

当运动员在比赛中需要一定的高度和距离时，就会做出跳跃的动作。篮球运动中的很多动作都需要在空中进行，因此跳跃是十分常用的动作。

双脚起跳：起跳前，双脚分开与肩同宽，迅速弯曲膝盖、蹲下，并相应地向后摆动手臂；上肢稍微向前倾斜，抬起身体时，双脚用力蹬在地面上，伸直膝盖，抬起腰部，然后快速向前摆动手臂以使身体向上移动；上身自然在空中伸展，腰部保持平衡。落地时，先用脚掌接触地面，弯曲膝盖以缓冲下降的重力，使身体保持平衡，并为下一个动作做准备。

单脚起跳：一只脚踩踏地面，然后快速移至前脚，前脚蹬地，同时抬起腰部并摆动手臂；当身体到达最高点时，另一条腿迅速弯曲膝盖并抬起，使腿摆动自然伸直；落地时，双脚应稍微分开。

（三）移动技术的教学

首先，教师必须弄清楚移动技术在篮球中的地位及其对其他技术的影响，然后分别阐述移动技术的每种作用方式，以便学生能够正确理解其概念。课程的一般顺序是站立、起动、奔跑、急停、转身、跳跃，以及进攻和防守时脚步的基本姿势。

其次，应该在训练中多加练习，以便学生能够了解到运动的困难和控制重心的方法；然后分解练习全部技术动作，最终快速纠正动作中的各种错误。

最后，应该改善特定的身体素质能力，加强对腿部力量和脚踝关节、膝盖和髋关节柔韧性的训练。同时，移动技术应该与其他基础的进攻和防守技术及战术相结合。在评估篮球技术时，应将移动技术列为考核和考试的内容之一。

三、接球技术

接球是篮球运动中运动员使用的主要技术之一，是获得球的动作，是抢篮板球和抢断球的基础。接球分为原地接球、跑动接球、摆脱接球（摆脱迎上接球、摆脱反跑接球、摆脱插上接球）。

（一）原地接球方法

1. 双手接球

双手接球是接球最基本的方法，也是篮球运动中最常见的一种动作。其优点是可以牢固地掌握球并且可以轻松切换到其他动作。当运动员需要用双手抓住球时，必须注视球并伸开双臂做好准备。拇指呈"八"字形，手指朝前和朝上，手呈半圆。当手指触摸球时，手臂跟随球的方向以拉动球，并将球保持在胸部和腹部之间。同时，保持身体平衡，准备接下来的传球或投篮动作。传球的高度不同，则接球时两臂的高度也不同。

2. 单手接球

运动员用单手控球时控制范围较广，可以从不同方向接球。但是，通常来说，运动员应该尝试用双手抓球，这样更加稳固。当运动员用右手接球时，将右脚朝球方向移动，接球时，手指自然分开，右臂伸向球。当手指触摸到球时，手臂将球向后拉，然后左手立即握住球，两只手将球控制在胸部和腹部之间，保持基本的持球姿势。

（二）跑动接球

跑动接球是篮球比赛中最常见的接球方法之一。这是防守方进入快攻和快速突破过程中使用的主要方法。其主要方式是在运动员跑动时，脚趾指向前方，上身沿传球的方向侧身，手臂伸出，并主动捡起球。跑动接球后，运动员可以运球、传球或投篮。

（三）摆脱接球

摆脱接球是在阵地进攻中无球运动员为了摆脱对手抢占有利持球进攻位置而经常采用的接球方法。其方法是无球进攻运动员利用脚步动作（如变向跑、转身、停步等）或队友的掩护摆脱防守后接到传球，并采用相应的停步动作以衔接下一个攻击动作。摆脱接球又分为摆脱迎上接球、摆脱反跑接球、摆脱插上接球。

①摆脱迎上接球是外线运动员在侧向或背向持球人时，移动摆脱对手后面向

持球人迎前接球的方法。接球后球员一般采用急停面向对手成持球基本站立姿势以衔接下面的持球突破过人或投篮、传球等动作。

②摆脱反跑接球是外线运动员在侧向或面向持球人时，移动摆脱对手后侧向或背向反跑接球的方法。接球时可采用急停技术，以便于衔接下面的进攻动作。摆脱反跑接球一般需要传球运动员的配合。

③摆脱插上接球是内线运动员利用转身或抢步等脚步移动摆脱防守，绕到防守运动员的前面，背向球篮接球的方法，多用于中锋策应。接球时可采用急停技术，接球后可通过转身等动作来衔接下面的进攻动作。

四、传球技术

传球技术指进攻运动员在原地或移动中将球从空中传出或以地面反弹的方法将球传给队友的技术总称。

（一）传球动作的方法

1. 双手胸前传球

双手胸前传球是比赛中最基本、最常用的传球方法，用这种方法传出的球快速有力，该方法可在不同方向、不同距离的传球中使用，而且便于和投篮、突破等动作结合运用。

双手胸前传球需要运动员张开两只手的手指，拇指相对呈"八"字形，并且将球保持在手指的根部上，将肘部自然弯曲到两侧，将球放在胸部和腹部之间，并使身体处于基本站立姿势。当后脚在地面上且身体重心向前移动时，前臂迅速向传球方向延伸，拇指紧紧按压，腕部向前弯曲，食指和中指用力推动篮球。传球后，身体迅速调整到基本站立姿势。当进行短距离传球时，前臂只需要小幅度伸展；长距离传球需要增加蹬地、手臂伸展、腰部和腹部的协调力量。传球越远，手臂伸展的范围就越大。

2. 单手肩上传球

单手肩上传球是单手传球中一种最基本的方法。这种传球的力量大，球飞行速度快，常用于中、远距离传球。

传球动作是指将球从自己手上转移到队友手上的动作。双手传球与单手传球的传球力量与时间并不相同,这将对球的速度和距离产生影响。传球的方向取决于手在球上的位置以及手腕和手指的动作(通常在球的后面,与传球的方向相反)。传球的角度应略大于水平方向,以克服飞行过程中重力对球的影响。传球速度取决于传球动作开始之前动作的速度和力量,在正常情况下,传球时不必故意转动球,这会给传球带来困难。

(二)传球的形式

1. 推进性传球

推进性传球是运动员在后场获得球后,在向前场推进时所使用的各种不同传球形式的简称。

2. 转移性传球

转移性传球是运动员在获得球的基础上,在球场一侧有策略地连续运用传球吸引防守运动员向有球一侧移动靠拢,伺机给另一侧队友创造攻击机会的各种传球方式、方法的简称。

3. 隐蔽性传球

隐蔽性传球是运动员在获得球的基础上,利用隐蔽性传球技术动作,将球越过面前的防守运动员,及时传给队友的各种传球方式、方法的简称。隐蔽性传球方法如下。

(1)单、双手头上传球

持球运动员双手举球于头上,腰腹用力,前臂迅速前提,手腕前屈,手指用力拨球,使球从防守运动员头的上方越过。也可采用单手的方式,以快速的单手体前传球动作,抓住对手防守的空当,突然将球从防守运动员头上或头侧传过。

(2)体侧传球

持球者向传球手的侧前方迈出,上肢同时向同侧移动做假动作,同时将球向后侧方传出,手腕前屈,用食指、中指拨球,使球从防守运动员的体侧空当越过。

(3)反弹传球

持球者利用假动作吸引防守运动员的手臂上举或侧举,同时将球迅速通过地面反弹给队友。传球时向下前方伸臂,手的用力点作用在球的后上方。击地点根据防守者和接球者所站位置来确定。

（三）传、接球的练习方法

1. 原地传、接球练习

（1）两人一组一球，面对面站立传、接球练习

两人相距 3~5 米，做各种传、接球练习。

双方要保持基本站立姿势，保证持球、传球、接球的手法正确。传球、接球动作由慢到快，距离由近到远。单手传、接球练习使用左、右手交替进行。

（2）不同方向传、接球练习

如图 4-2-1 所示，5 人一组用两个球。④、⑤各持一球，④传球给⑥，⑥接球后迅速传给⑦，⑦再传给④；当⑥刚把球传给⑦时，⑤立即传球给⑥，⑥传给⑧，⑧再传给⑤，如此反复练习。练习一定时间或次数后，按顺时针轮转换位置进行练习。

要求：④和⑤向⑥的传球速度要由慢到快；⑥向⑦和⑧传球时不要转头，用眼睛余光观察传球的目标。

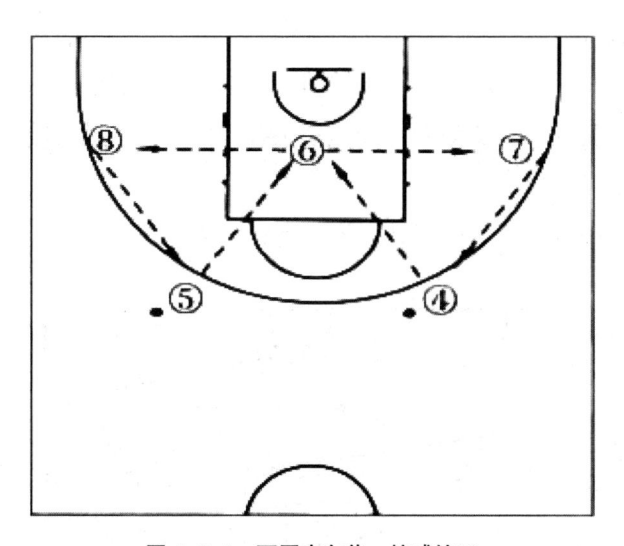

图 4-2-1　不同方向传、接球练习

2. 移动中传、接球练习

（1）接前、后、左、右球的练习

如图 4-2-2 所示，两人一组一球，相距 4~6 米。④向⑤的前、后、左、右方向传球，⑤移动去接球，再回传给④。练习一定时间或次数后，两人交换角色练习。

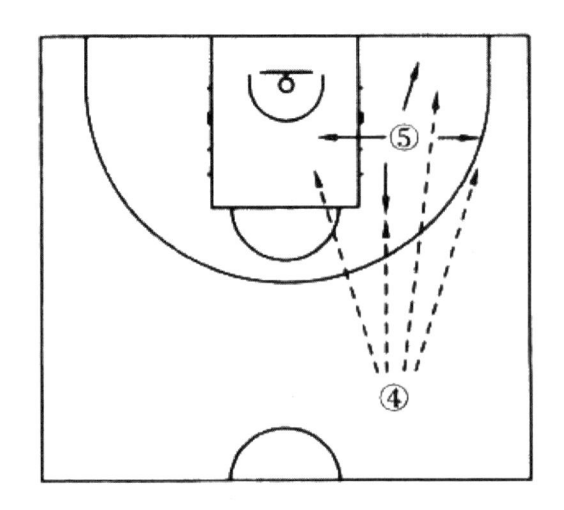

图 4-2-2 接前、后、左、右球的练习

要求：移动中传、接球要保持正确姿势，判断好来球的方向、路线，快速、及时地移动接球。接球停稳后迅速回传。

（2）迎面跑动传、接球练习

如图 4-2-3 所示，4 人一组一球，分队面对站立，相距 5~6 米。④上步跑动接⑤的传球，急停后，传给对面上步跑动来接球的⑦。传球后跑至对面一组的队尾，依次循环练习。

要求：上步跑动接球手法正确，传、接球协调连贯。

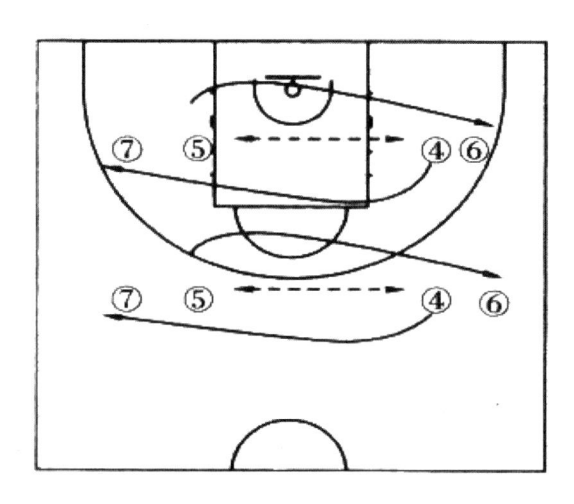

图 4-2-3 迎面跑动传、接球练习

（3）横向移动换位传、接球练习

如图 4-2-4 所示，4 人一组两球，排成"口"字形，相距 4~5 米。④、⑤各持一球，开始时分别将球传给⑥和⑦，然后两人立即横向换位接⑥和⑦的回传球，⑥向⑦传球后同样横向移位，依次反复练习。

要求：传球移动速度要快，接球后要停稳，同时用眼睛余光观察队友与球。

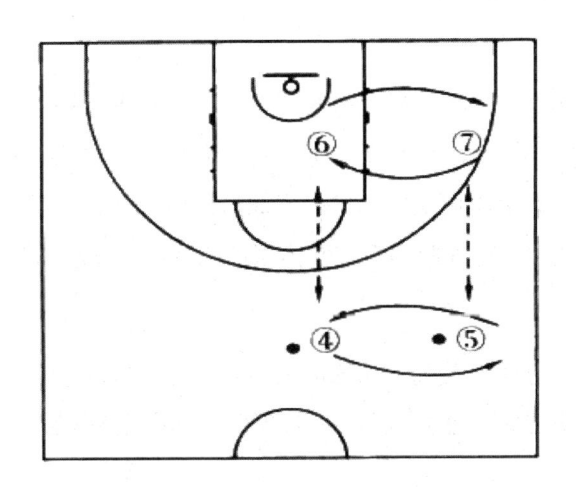

图 4-2-4　横向移动换位传、接球练习

五、运球技术

运球是持球运动员在原地或行进中用单手连续按拍篮球，而后借助地面将篮球反弹起来回到手中的一种技术动作。

运球是篮球运动中重要的基本技术之一，它在一定程度上反映着运动员控制球和支配球的能力。娴熟的运球不仅是个人摆脱、突破防守的进攻手段，也是组织全队战术配合的桥梁，并且对于发动快攻、突破紧逼防守都起着极大作用。在训练和教学过程中，教师在教给学生运球技术的同时，还应教给学生如何把握适时而恰当的运球时机。

（一）运球技术简析

运球是通过运动员以手对球的控制并结合快速、灵活、多变的脚步移动来实现的。因此，运球的关键在于手对球的控制和手脚的协调配合。运球技术的动作方法有很多，但各种运球技术的动作过程都是由身体姿势、手臂动作、球的落点、手脚和身体的协调配合4个环节组成的。

1. 身体姿势

两脚前后开立与肩同宽，两膝微屈、上肢稍前倾、抬头平视，非运球手臂屈肘平抬，以保护球和维持身体平衡。

2. 手臂动作

运球时，自然张开手指，用手指触球，然后放松手指和手腕。运球动作因比赛情况而异。在低运球时，肘关节是轴，手指和手腕快速推动球，而在高运球时，肩关节是轴，手指和手腕用来按拍球。当球从地面弹起时，需要用肘部、腕部伸展和手指的弯曲来缓冲球弹起的力，并控制球的高度、速度和角度。

3. 球的落点

运球的速度、方向以及按拍球的部位不同，会导致球的落点、入射角度及反射角度也不同。按拍球的力量大小影响着球反弹的高度与速度。

4. 手脚和身体的协调配合

运球需要在身体移动的时候进行。运动员需要在移动速度和球速之间取得平衡，同时还要保持适当的动作节奏并注意控制身体的重心。协调配合的关键在于力量的大小和球的落点。手臂运动的变化应与步态和姿势的变化同步，以便以协调的方式进行运球。

（二）运球技术动作方法

1. 高运球

高运球一般在没有防守运动员的情况下使用。

动作方式：运球时，稍微弯曲双腿，上半身稍微向前倾斜，眼睛向前看，前臂自然弯曲并拉直，手腕和手指在球的背面和顶部轻轻并牢固地按拍，用手指和手掌触球；球的落点应位于运球手、脚外侧的同一侧，球的反弹高度位于胸部和腹部之间；快速运球时，稍微增加力量，使球的落点远一些。

2. 低运球

低运球多用来防止防守运动员抢截球或突破防守运动员。

动作方法：在运球过程中遇到防守运动员时，需要放慢速度，弯曲手腕，然后用手指和指跟按压球，使球降低到膝关节位置，加快速度从防守运动员的一侧越过。

3. 运球急停急起

运球急停急起是摆脱防守运动员的一种较实用的突破防守的方法。

动作方法：快速运球中突然利用两步急停，同时按拍球的前上方，目视前方；急起时，上肢迅速前倾，重心前移，前脚掌用力蹬地，后脚迅速向前跨出一大步，同时按拍球的后侧上方，加速摆脱防守。

4. 体前变向运球

体前变向运球也是摆脱防守的一种运球方法。

动作方法：当持球人从防守运动员的左边突破时，用左手按拍球的左后上方，使球从右上方弹回；同时，左脚向球右方快速移动，上半身同时向右旋转，侧肩靠近防守运动员，球压低；当球回弹至腹部时，右脚迅速蹬到地面，右手轻拍球背，超过防守者。

（三）运球技术的讲解与练习方法

1. 讲解

教师要向学生讲解运球的目的和作用，以及运用的时机、动作方法、动作要领和关键环节，使其掌握正确的运球技术。

2. 练习方法

（1）原地运球练习

方法：学生每人一球，成体操队形，进行各种练习。

要求：体会手指、手腕、上臂的用力顺序和按拍球的手形，以及各种前推、后拉、左右变向时按拍球部位的不同，提高其控球、支配球的能力。

①高运球练习。

方法：同上。

要求：站立姿势和运球手法要正确，重点体会主动迎球、随球上引的动作。

②低运球练习。

方法：同上。

要求：两膝弯曲降低重心，运球高度在膝关节以下，快速按拍球。

③体前侧（拉）、后（推）运球练习。

方法：同上。

要求：按拍球的部位正确，力量适中，控制好落点，重心下降，控制好球。

（2）行进间运球练习

①直线高运球练习。

方法：分三组或四组站在端线外，每组一球，同时向对面端线运球，返回时换另一只手运球，然后交给下一运动员；为增加练习兴趣，此练习可结合分组竞赛进行。

要求：运球时抬头目视前方，速度由慢到快，控制球的落点、速度，手、脚要协调配合。

②绕障碍物或弧线运球。

方法：全体同学分三组，可以两组同时开始绕球场的三个圆圈练习；也可单组进行，交换练习；亦可绕罚球区和中线的圆圈后到另一罚球区圆圈时用另一只手运球练习等。

要求：沿圆圈运球时，注意身体重心内倾，手要按拍球的侧后上方。

③运球转身或背后运球。

方法：运球到障碍物处时，做后转身运球一次或背后运球一次，再换手继续向另一障碍物运球。

要求：变换动作要突然，要加快运球速度。

④运球急停急起练习。

方法：根据教师口令、手势、信号等，练习急停急起或变速运球，成体操队形，两队同时做或横排集体做。

要求：要停稳，起动快；变速时注意掌握好节奏、高低，注意加速。

（3）运球对抗练习

①全场一对一攻守练习。

方法一：开始时防守运动员消极防守，几次以后改为积极防守练习，到前场底线返回时，攻守交换，轮流练习；亦可规定每组往返若干次后由另一组进行练习。

要求：防守从消极到积极；运球运动员变化要多，并注意保护球。

方法二：分两组在（纵）半场内同时进行，进攻运动员用体前变向换手、转身运球、运球急停等技术摆脱、超越防守。

要求：进攻运动员动作变化要突然；防守由消极到积极，要认真。

②半场二防三练习。

方法：在半场内进行二防三练习，规定一定的控制球时间算进攻成功，也可进行三防四、四防五练习。

要求：攻防积极，积极抢断球。

六、投篮技术

投篮是在比赛中运动员运用各种专门、合理的动作将球投进对方球篮的方法。

（一）投篮技术简析

1. 持球手法

（1）单手持球法

以原地单手肩上投篮的持球方法为例，手腕后仰，五指分开，用指根以上部位触球，肘关节自然下垂，另一手扶球的侧上部，举球于同侧头或肩的前上方。

（2）双手持球法

以原地双手胸前投篮为例，两拇指呈"八"字形，用指根以上部位握住球的两侧后下方，手心空出。两臂自然屈肘下垂，球置于胸前，肩关节放松。

2. 瞄篮点

瞄篮点是指投篮时眼睛注视篮圈或篮板的那一点。该方法可以使人瞬间目测出篮圈的方位和距离，从而决定投篮出手的力量、篮球的飞行弧线和落点。投空心篮的瞄篮点一般为篮圈前沿的正中点，碰板投篮的瞄篮点一般是篮板的一点。其根据投篮角度、距离、力量和飞行弧线的不同而有所区别。

3. 出手角度和出手速度

出手角度是指投篮时球离手的一瞬间，球体重心飞行轨迹的路线与出手点水平面所形成的夹角，它决定了球在空中的飞行弧线和入篮角的大小。

出手速度是指投篮出手的一瞬间，身体各部位的综合肌力经过手指和手腕的调节使球离手进入空间运行的初速度。投篮出手速度取决于身体协调性、综合用力的大小以及对腕指用力的调控程度，而手腕的翻转与抖动和手指弹拨球的动作柔韧性、突然性和连贯性是取得合理出手速度的关键。

（二）投篮技术动作方法

1. 原地投篮

（1）原地单手肩上投篮

①用途：原地单手肩上投篮是篮球运动中最基本的投篮方法，是行进间投篮和跳起单手肩上投篮的基础。

②动作方法：（以右手投篮为例）双脚原地开立，与肩同宽，右脚稍前，身体重心落在两脚之间，屈肘，手腕后仰，掌心向上，五指自然分开，持球于右眼前上方，左手扶球侧，两膝微屈，上肢放松并稍后倾，目视瞄篮点；投篮时下肢蹬地发力，腰腹伸展，抬肘伸前臂，手腕前屈带动手指弹拨球，最后通过食指、中指柔和用力将球投出，球离手后右臂应有自然跟随动作。

③动作要领：上下肢协调用力，蹬伸、展腰、屈腕要一气呵成，手指要柔和地拨球。

（2）双手胸前投篮

①用途：它是双手投篮中最基本的投篮方法，其优点是便于和传球、持球突破等技术结合，能充分发挥全身的力量，一般女子运用这种投篮较多。

②动作方法：两脚前后或左右开立，两脚微屈，重心落在两脚之间，两臂屈肘自然下垂，双手持球于胸腹前，上肢稍前倾，目视瞄篮点；投篮时，两脚蹬地同时腰腹伸展，两臂迅速向上伸出，手腕前屈，通过食指、中指指端将球投出，球出手后身体随投篮出手方向伸展。

③动作要领：自然屈肘，蹬伸、翻腕、手指拨球要用力协调一致。

2. 跳起投篮

跳起投篮简称跳投，其出手动作与原地单手肩上投篮基本相同，只是在动作结构上增加了起跳部分，投篮动作要在空中进行。

（1）原地跳起单手肩上投篮

（以右手投篮为例）两脚左右开立，两膝微屈，身体重心落在两脚之间，双手持球于胸腹之间，上肢放松，目视瞄篮点。起跳时，屈膝降重心，两脚掌用力蹬地向上起跳，同时双手举球至肩上，左手扶球的左侧。当身体达到或接近最高点时左手离球，右臂向前上方伸展，同时发力屈腕，食、中指用力拨球，使球通过指端投出。

（2）急停跳投

（以右手投篮为例）运动员在运球中，突然利用跳步或跨步急停起跳，同时两手持球上举。当身体接近最高点时，右臂向前上方伸展，手腕发力前屈，食、中指用力拨球，通过指端将球投出。接球急停跳投时，运动员跳步或跨步急停接球，两脚同时或前后落地，脚尖对正投篮方向，两腿稍屈、降低重心，并迅速跳起投篮。

3. 扣篮

扣篮是直接将球由上向下灌入篮筐内的一种投篮方法。扣篮方式有原地扣、行进间扣、单手扣、双手扣、正手扣、反手扣、凌空接扣等。

4. 补篮

补篮是指投篮未中，球刚从篮圈或篮板弹出时，在空中运用单手或双手将球托入或拨入篮圈的投篮，是一种无明显持球动作直接用力投篮的方式。基本的补篮方法有单手补篮和双手补篮。

（三）投篮技术的练习方法

1. 原地投篮练习

（1）徒手模仿练习

两人一组相互对投，体会投篮手法和用力动作。

要求：注意持球手法，下肢先发力，体会蹬、伸、拨（手指拨球）的动作。

（2）正面定位投篮练习

运动员每人一球在罚球线上排成单行，自投自抢，依次反复进行。

要求：注意持球手法，下肢先发力，体会蹬、伸、拨的动作。

2. 行进间投篮练习

运动员运球与球篮成 45° 角，自三分线外起动进行行进间投篮，抢篮板球后将球传给下一名运动员后跑至队尾，依次轮流练习。此练习也可在篮下站一人，外围运动员依次跑进，接篮下运动员传给的球上篮。

要求：用低（高）手投篮的动作方法，脚步要正确。

3. 行进间传接球投篮

两人一组，全场传接球投篮。

要求：跑动中传接球动作要规范；推进要有一定的速度。

4. 移动投篮练习

两点移动投篮，两人一组，一人传球，一人投篮。规定连投 10～20 次，或达到规定的投中次数后，两人交换练习。运动员可根据主要进攻位置确定投篮点，如前锋重点练 45° 角和 0° 角两点移动接球投篮，后卫重点练习罚球弧顶和 45° 角两点移动接球投篮。

要求：移动迅速，接球同时做好投篮准备，投篮时不要再调整。

5. 跳起投篮练习

每人一球原地跳起投篮，运动员在罚球线两侧站成两路纵队，依次投篮，投篮后自抢篮板球站到另一队的排尾。

要求：持球下蹲、举球和起跳动作要协调连贯，控制好身体重心，在接近最高点时出手。

七、持球突破技术

持球突破技术是篮球运动员将脚步和运球技术相互结合，从而能够迅速突破对方防守运动员防守的一项篮球进攻技术。运动员在比赛中不仅可以依靠持球突破技术为己方创造良好的得分机会，还能够凭借犀利的持球突破使对方投篮犯规，打破对方的防守阵线。持球突破若可以和投篮技术、运球假动作等技术相结合便会使运动员的进攻手段得到极大丰富。但是，持球突破是一项较为高级的篮球技巧，它既要求运动员有较好的控球和运球能力、灵活的脚步动作，又要求运动员能及时判断防守运动员的变化，使其可以准确把握最佳的突破时机。因此，在持球突破技术的教学和训练过程中，教师不仅要教给学生规范的技术动作，而且要重视培养学生的突破意识和临场观察判断的能力。

（一）持球突破技术简析

持球突破技术动作主要由蹬跨、转体探肩、推放球、加速4个环节组成。

1. 蹬跨

蹬跨是突破时产生起动速度的原动力。因此，在保持低重心姿势的同时，上肢应稍前倾，使重心前移。突破时跨出的第一步应落在防守运动员的外侧，脚尖指向突破方向，第一步稍大，以占据有利的突破位置，同时与积极主动有力的蹬地相结合，从而获得较快的初速度。

2. 转体探肩

转体探肩的主要作用在于抢占有利位置和更好地保护球。探肩时上肢顺势前倾挡住防守者，同时身体重心迅速前移，准备加速超越防守者。

3. 推放球

推放球的位置应在身体的侧前方，即在跨步同时将球推放在脚的侧前方约30厘米处，手指指向前上方，推拍球的后上部，以球领人，以利于衔接下一个动作。

4. 加速

球员在完成上述动作后，中枢脚迅速蹬地，加速超越对手。

蹬跨、转体探肩、推放球、加速等环节之间既有动作的先后顺序，同时也是紧密衔接的。只有熟练地掌握这几个环节，并与正确的判断和果断的起动有机地结合起来才能获得较为理想的突破效果。

（二）持球突破技术的动作方法

1. 原地交叉步持球突破

（1）用途

当防守运动员与持球人的距离较近时，持球运动员会使用此技巧，因为原地交叉步不仅能够更好地保护篮球，还能够减少运动员走步的风险，所以初学者会经常使用。

（2）动作方法

以左脚作为中枢脚为例，双脚分开站立，双膝微屈，将重心放在双腿之间，将篮球的位置控制在胸腹之间；在持球突破时，右脚的前脚掌内侧快速发力蹬地，使重心转移到左脚，同时向左前方跨步，上肢左转探肩，将球引于左侧，在左脚离地前用左手推球至防守者的右侧，同时左脚全力蹬地，加速超越防守运动员；如果在突破时能够结合投篮、假动作等技术，突破的成功率将更高。

（3）关键

第一步变向要突然，跨、转、探要连贯，紧密结合。

2. 原地同侧步持球突破

（1）用途

当防守人距持球人员的距离较近时，在防守人的重心转移，特别是重心严重偏移至一侧时使用。

（2）动作方法

以左脚作为中枢脚为例，原地同侧步的准备姿势与交叉步的准备姿势基本相同；运动员在突破时，左脚掌内侧快速发力蹬地，右脚向防守人的左侧快速迈出，脚尖向前，上肢稍右转，同时探肩，重心前移，在左脚离地前用右手推拍球于迈出脚的侧前方，同时左脚蹬地，加速超越防守者。

（3）关键

第一步快、步幅小、重心前移、转体探肩。

3. 各种位置上的一对一练习

方法：在前锋、后卫和中锋位置上进行一对一突破练习。

要求：

①进攻者从摆脱接球开始，接球后根据防守者的情况实施突破。

②投篮后双方积极拼抢篮板球。

③攻防转换快，进攻者抢到篮板球后发动二次进攻，防守者抢到篮板球后快速传球给组织者。

4. 半场三对三的练习

方法：规定进攻运动员不允许做掩护，只能用突破，防守运动员只能做人盯人防守，不允许交换防守，看哪个队先得 10 分。

要求：

①突破勇猛，时机掌握好，突破和传球、投篮衔接好，运用合理。

②投篮后积极拼抢篮板球，攻防转换速度要快。

（三）持球突破技术教学建议

在对运动员进行持球突破技术的训练时，应该对技术要求进行严格规范。要注意培养运动员学会分别使用左右脚作为中轴脚的能力；培养运动员的突破意识，提升运动员的比赛观察力和阅读防守的能力；培养运动员的心理素质，使运动员拥有一颗精进勇猛的"大心脏"，敢于在比赛之中挑战对方的防守；同时培养运动员对于比赛节奏、时间、位置的掌控。

八、篮板球技术

在比赛中，双方对投篮未中的篮球进行的争抢被称为抢篮板球。进攻方运动员争抢己方投篮未中的篮球叫作进攻篮板球或前场篮板球；防守方运动员争抢对方投篮未中的篮球叫作防守篮板球或后场篮板球。篮板球是争抢球权、保护篮筐、发动进攻的主要手段，在比赛的攻防转换中非常重要。

对于篮板球的拼抢极为激烈是现代篮球比赛的特征之一。现代篮球比赛要求所有篮球运动员都需要拥有非常强的篮板球意识，这也就导致了在比赛之中经常会出现多人身体碰撞、拼抢球权、争抢篮板球的情况。现代篮球比赛中人们的投篮次数和篮板球数量在不断上升。进攻方争抢下篮板球后既能够瞬间在篮下发起二次进攻，也能够掌握球权重新组织进攻；防守方在争抢下篮板球之后既能够趁对方没有完成防守落位时发动快攻，进行快速得分，还能够牢牢掌握球权组织阵地进攻。因此，篮球板的争抢对于取得篮球比赛的胜利是十分关键的。

（一）抢篮板球技术分析

抢篮板球是一项较复杂的技术，由抢占位置、起跳、空中抢球动作等环节组成。

1. 抢占位置

对有利位置进行抢先占据是争抢板篮球技术中的重要部分。在争抢篮板球之前，运动员要对进攻运动员的投篮角度、距离以及弧度进行精准判断，以此为依据对篮球反弹后的落点进行准确判断，之后迅速抢占有利的位置，并观察对方运动员的动向，用身体将对方运动员卡在身后，避免对方运动员抢占位置，同时要准备随时起跳争抢篮板球。

2. 起跳

当运动员在争抢篮板球时，不仅需要抢占位置，还需要随时准备起跳。起跳的准备动作：两腿微屈，上肢稍微向前倾斜，双臂微屈立于体侧，将重心放在双腿中间。在准备起跳时，运动员需要观察篮球的弹起回落位置，同时还要注意对方运动员的位置。防守篮板球的争抢通常需要运动员使用原地上步、撤步或跨步双脚起跳的方式；进攻篮板球的争抢通常需要运动员进行一段距离的助跑起跳，或跨一步单脚起跳。起跳的关键是对篮球回弹落点的判断，以便运动员能够及时起跳争抢篮板球。

3. 空中抢球动作

运动员在起跳后，需要用背部或肩部来挡住对方的运动员争抢篮板球。在空中抢篮板球时运动员需要双手在头部上方张开，依据篮球的回弹方向和落点选择使用双手、单手或点拨球等方式争抢篮板球。

（1）双手抢篮板球

运动员起跳之后，要用腰腹部位的核心力量控制身体的平衡，同时身体要向外延展扩大面积以挡住对方运动员，双臂尽量伸向篮球的回弹落点方向，当双手抓住篮球后，迅速抓紧并控制住篮球，然后腰腹用力，迅速将双手收回到身前，双肘微微外扩保护篮球。双手抢篮板球的优点在于可以将篮球牢牢控制住，以便于组织进攻，且比起其他动作，双手抢篮板球更容易被学习和掌握。但是双手抢篮板球也有缺点，即不如单手抢篮板球的制高点高和控制范围大。

（2）单手抢篮板球

运动员在起跳之后将身体与手臂尽量伸展，用一只手臂伸向篮球回弹的落点，当身体达到最高点后，用手抓住篮球，然后弯曲手腕和手臂，快速将篮球拉回到自己的胸腹位置，紧接着另一只手快速对篮球进行控制、保护。单手抢篮板球的优点是抢球点比双手抢篮板球的抢球点高、控制范围较大、身体伸展时较为灵活，但是对于篮球的保护不如双手抢篮板球。

（3）点拨球

点拨球的动作方法与单手抢篮板球相似，当遇到身材较高大的对方运动员或球的落点离自己较远而不易获得球时，可用指端点拨球的侧下方，将球点拨给队友，或将球点拨到便于自己获取球的位置。其优点是增加了触球点的高度，缩短了传球时间，为发动快攻创造了有利条件。但点拨球的准确性及与队友的配合时机较难掌握。

（二）抢篮板球技术的运用

1. 攻防转换战术

抢篮板球在攻防转换的战术中有十分重要的地位，教练在进行训练规划时要将抢篮板球纳入攻守战术之中。在比赛之中当出现投篮不中的情况时，两支球队都有机会抢得篮板球，只有更加主动、顽强、拼搏的一方才能争抢成功进行攻防转换或二次进攻。所以，对每个篮板球必争是对于运动员的基本要求。

2. 观察、抢占为先

教练在训练运动员争抢篮板球时，要注意培养运动员对于篮板球落点的判断和养成其观察投篮方向、弧线的意识。只有具备了这种意识，运动员才能够在争抢篮板球时抢占先机和有利位置。篮板球与投篮的方向、弧线、力度以及篮球回弹的方向有着密切的关系，当投篮是在中、远距离进行时，通常篮板球的回弹较远；当投篮是在篮下进行时，篮板球的回弹距离较近；在球篮一侧45°角地区投篮时，一般球弹出的方向是在另一侧45°角地区，或是反弹回同侧地区；在中间地区进行中距离投篮时，一般球弹出的方向是在罚球线内附近地区；在底线一侧零度角地区投篮时，一般球弹出的方向是球篮另一侧底线地区，或反弹回同侧地区。因此，运动员在训练和比赛中要善于观察投篮的方向、球飞行弧线的高低和速度的快慢，摸索和掌握投篮未中时球弹出方向的基本规律，提高预见性，及时合理地抢占有利位置。

3. 集体配合拼抢

争抢篮板球并不是某个运动员的职责，而是需要全队的团结协作。在比赛中，进攻运动员要做到"能投敢抢""左投右抢"；防守运动员要做到"能挡善抢""挡抢结合"。即使一些运动员因为位置不同或职责不同无法第一时间争抢篮板球，也要控制好弱侧区域，准备争抢二次篮板。如果对方有擅长冲抢篮板球的运动员，可以使用"盯人"的方法，将对方运动员牢牢盯住并卡住位置，不让对方运动员轻易跑动或起跳，在篮下形成没有对方运动员的三角区域，让己方其他运动员抢篮板球。

（三）抢篮板球技术的教学

1. 教学建议

第一，提高对抢篮板球重要性的认识，同时指出这是我国篮球运动技术的一个薄弱环节。把拼抢篮板球能力的培养与我国篮球运动水平的提高联系起来，对其高度重视。

第二，教师应运用分解教学法，训练运动员对于篮球回弹落点判断的能力，让运动员能够逐步学会抢位、起跳、抢篮板球等技术动作，之后再训练他们进行完整的抢篮板球技术的动作。

第三，要注意培养运动员争抢进攻篮板球与篮下二次进攻的能力；培养运动员抢下防守篮板球发动快攻的能力。

第四，培养运动员对于篮板球拼抢的意识，要将投篮出手作为争抢篮板球的信号，养成每个篮板球必争的良好习惯。

第五，增加运动员的身体素质，提升运动员的核心力量与连续弹跳的能力。

2. 练习方法

（1）徒手起跳练习

原地双脚起跳，向左、右跨步，单、双脚起跳，做单、双手抢篮板球模仿练习。

（2）空中抢球练习

每人一球，自己向上抛球后起跳，在最高点用单、双手抢球；两人一组一球，一人向上抛球，另一人练习用单、双脚起跳，单、双手抢球。

3. 易犯错误及纠正方法

错误一：对球的落点判断不准。

纠正方法：多做投篮以后立即向球的反弹方向快速移动的练习，争取到位接球。

错误二：不会抢占有利位置。

纠正方法：两人一组，一攻一守进行抢位练习。

错误三：起跳时间掌握不好，空中抢球不稳。

纠正方法：多做自抛自抢空中球练习，体会起跳时间和空中抢球动作，多做熟悉球性的练习。

第三节　高校篮球运动战术训练

篮球战术指的是在篮球比赛中双方的运动员进行有组织、有策略、有意识的团队协作，同时运用不同的技术来完成进攻与防守，是以篮球技术动作为基础，在一定战术指导思想和战术策略安排下进行的团队攻守方法。由于篮球是在封闭的场所中及一定时间限定下进行的争夺球权、投篮得分的竞技活动，所以篮球比赛中比赛双方必然会不断地进行攻守交替和攻防转换。因此，篮球战术便有了进攻战术与防守战术之分，并且战术的数量繁多、变化复杂。

随着现代篮球运动的发展，篮球的战术体系也在不断变化，运动员在比赛中的战术也随之趋向全面性与机动性。但是，通常在篮球比赛中，还是将场上的 5 名运动员按照中锋、前锋、后卫三个位置进行划分。不同位置的运动员在场上所担任的职责不同，是否能合理安排每个位置上运动员的战术，充分发挥每个运动员的特点，并使运动员形成一个整体，是能否取得比赛胜利的关键。篮球战术体系指的是相互联系、相互制约的篮球战术所构成的一个整体。在篮球运动中一般将篮球战术分为进攻战术与防守战术，但是随着现代篮球的不断发展，从 20 世纪 90 年代开始，篮球战术逐渐发展成为进攻战术、防守战术、攻防转换战术三大系统。

一、战术基础配合

篮球战术的基础配合指的是运动员在篮球比赛之中进行两人或两人以上具有明确目的、系统组织的团队行动的进攻和防守的方法。篮球战术的基础配合是整体战术配合的基础，在篮球比赛中，任何整体的战术配合都不能脱离篮球战术的基础配合。篮球战术的基础配合分为进攻战术的基础配合和防守战术的基础配合。能够掌握多少篮球战术的基础配合，以及是否能够合理地运用，都会影响一支篮球队伍的整体实力，也是球队能否在比赛中取胜的关键。

（一）进攻战术基础配合

进攻战术基础配合是在篮球比赛中，运动员两三人之间有目的、有组织、相互协同行动的配合方法。进攻战术基础配合包括传切、掩护、策应 3 种配合。

1. 传切配合

传切配合是进攻战术中较为常见的一种战术，它指的是进攻运动员之间进行的传球和切入的配合，包括一传一切以及空切配合。传切配合虽然简单却是很多战术的基础。

传切配合的方法如下。

（1）一传一切配合

如图 4-3-1 所示，⑤传球给④后，立刻摆脱对手❺从篮下切入，接队友④的回传球投篮。

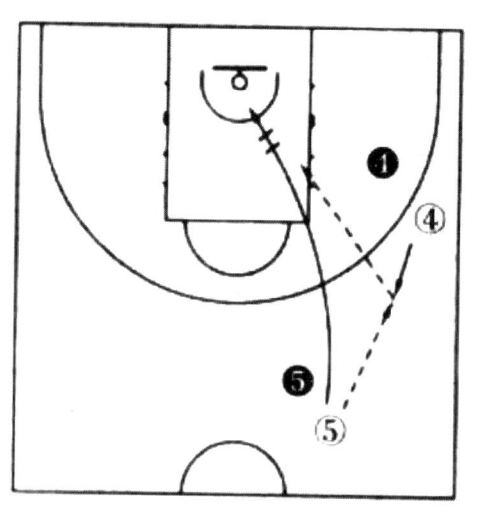

图 4-3-1　一传一切配合

（2）空切配合

如图 4-3-2 所示，④传球给⑤时，⑥乘其对手❻不备之机，突然横切或从底线切向篮下接队友⑤的传球投篮。

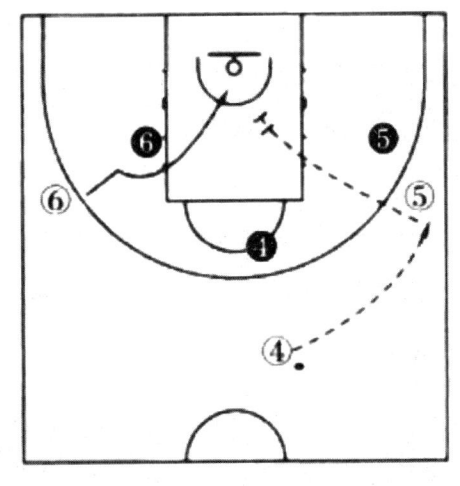

图 4-3-2　空切配合

2. 掩护配合

掩护配合在篮球比赛中出现最为频繁，它指的是无球人员用身体挡住防守运动员以便于持球人摆脱防守人进行突破或使其他无球人员能够顺利跑位的战术方法。

掩护配合的方法如下。

（1）后掩护配合

如图 4-3-3 所示，是前锋为后卫做后掩护；⑤传球给⑥时，④跑到❺身后给❺做后掩护，⑤传球后做向左切入的假动作吸引❺的防守，当④掩护到位时突然向右侧切入篮下接⑥的传球投篮。

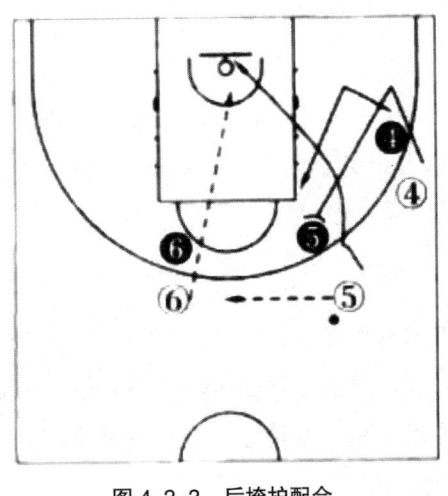

图 4-3-3　后掩护配合

（2）前掩护配合

前掩护是掩护者跑到防守者的身前，用身体挡住防守者向前移动的路线，使队友借机摆脱防守接球进行攻击的一种掩护方法。

3. 策应配合

策应配合是进攻战术中不可缺少的战术之一，它指的是当进攻运动员背对篮筐或在篮筐侧方时，以自身为枢纽支配球权，从而与队友形成内外呼应的配合战术。

（二）防守战术基本配合

防守战术的基本配合指的是在篮球比赛中为了阻止或破坏对方进攻，两名或两名以上的防守运动员进行的防守配合战术。防守战术的基本配合中有抢过、夹击、穿过、关门、轮转防守等。

1. 防守掩护的配合

（1）抢过配合

抢过配合对于应对掩护配合有着非常好的效果。在进攻运动员掩护持球人或者无球运动员时，防守运动员可以提前跨出一步贴近掩护运动员，然后从掩护运动员的身侧挤过去，对自己盯防的进攻运动员进行持续防守。

（2）穿过配合

穿过配合对于应对掩护配合也是一个不错的战术选择。当进攻方运动员在掩护时，防守掩护的运动员要及时提醒队友，然后向篮筐方向后撤一步，给队友穿过的空间以便于队友能够紧跟进攻运动员。

（3）绕过配合

绕过配合也是用于应对掩护配合的一种战术。当进攻运动员在进行掩护的时候，防守掩护的运动员可以紧贴住掩护运动员，使队友能够从自己的身边绕过，从而紧跟进攻运动员。

2. 夹击配合

夹击配合指的是两名或两名以上防守运动员对持球人员进行封堵、包夹的一种战术配合。夹击配合是一种能够迅速破坏进攻方战术策略的防守战术，而且能够对持球人员进行有效的限制，使持球人员产生失误。但同时也会形成漏防，给予进攻方其他运动员机会。

3. 补防配合

补防配合是指防守运动员在队友漏防时，立即放弃自己的对手，去补防漏防的进攻者，而漏人的防守运动员应及时换防另一进攻者的一种协同防守配合方法。

二、快攻与防守快攻

（一）快攻战术

1. 快攻战术的概念

快攻指的是在比赛中产生攻防转换时，当防守方变成进攻方后，全队使用最快的速度、最短的时间将球推进到前场，力图做到以多打少，形成人数与位置上的优势，而后进行果断且合理的进攻的一种战术方式。

2. 快攻战术的特点与要求

（1）快攻战术的特点

①在攻防转换后，进攻方快攻时要全队参与，每个运动员都应该熟练掌握快攻技术，明确自己的位置。

②在快攻的过程中，运动员要学会使用跳投或使用"一传一扣"来快速终结进攻。

③当发动快攻后失去得分机会时，运动员要冷静处理，重新掌握好进攻节奏，每个运动员明确自己的位置，以便于发动阵地进攻。

（2）快攻战术的基本要求

①增强运动员的快攻意识，抓住每一个快攻的机会，尝试进行得分。

②在发生攻防转换时，推进的速度要快，推进的人员要分散，然后选择合理的路线进行快速跑动，要做到前后有序，左右形成呼应。

③持球推进的运动员要时刻观察全场的形势，无法自己直接得分时要将球及时传给最佳得分点，避免被防守运动员破坏快攻。

④当快攻不成时，要加强快攻与阵地进攻的衔接，迅速转入阵地进攻。

3. 快攻战术的配合方法

（1）长传快攻的方法

抢篮板球后长传快攻，如图 4-3-4 所示，④抢到篮板球后，应观察全场情况，掌握发动快攻的时机，⑦和⑧及时快攻超越防守。④根据情况，长传球给⑦或⑧进行投篮。④⑤⑥应随后插空跟进。

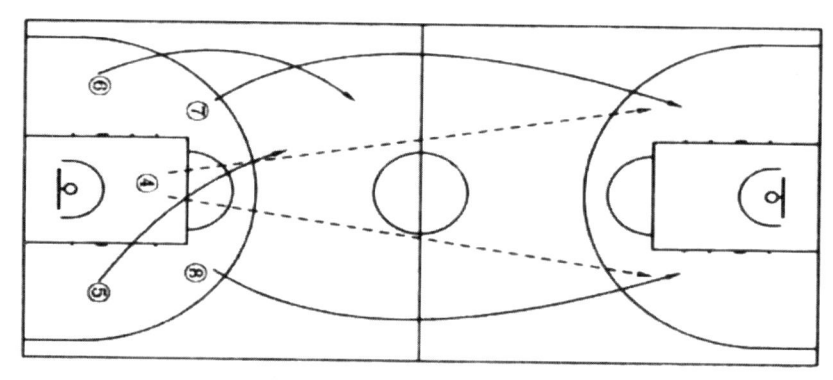

图 4-3-4　长传快攻

（2）短传结合运球快攻的方法

如图 4-3-5 所示，④抢到篮板球后，将球传给接应的⑥，⑥又把球传给插中路的⑤运球推进。⑦和⑧沿边线快下，⑤根据情况将球传给⑧或⑦投篮，④和⑥随后跟进。

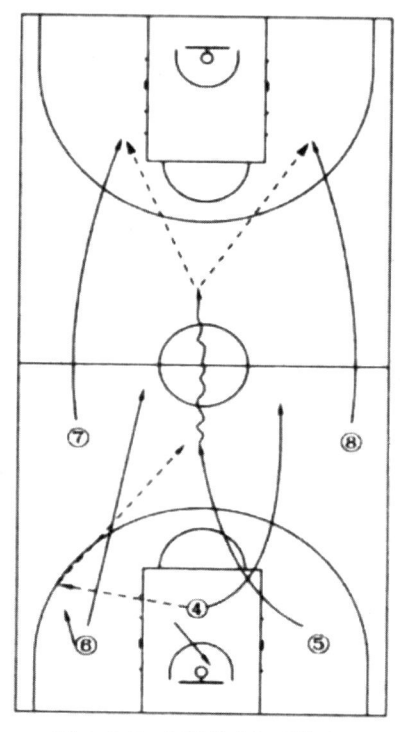

图 4-3-5　短传结合运球快攻

（二）防守快攻战术

1. 防守快攻战术的概念

防守快攻战术指的是在攻防转换之后的短时间内，防守方迅速组织防守阵型，并能够将进攻方的快攻及时破坏的一种防守战术。在防守快攻时各运动员要从失去篮板球的第一时间开始快速后撤回防，先要堵截对方的一传，封堵接球的运动员，在快速回防的过程中也要干扰进攻运动员的节奏，试图让进攻方的速度减缓，让运动员快速形成防守阵型。现代篮球比赛速度不断加快，强化攻守转化意识，努力提高防守技术、战术质量，并且深入研究防守快攻战术的方法显得越来越重要。

2. 防守快攻战术要求

①整个球队要有明确的分工，在投篮不中后既要有人全力争篮板球，同时还需要有人快速回防退守。

②对一传和一接应要进行积极堵截，抢占对方的习惯接球位置，并对进攻运动员形成干扰，迫使进攻方减缓快攻速度。

③防守快攻的运动员要有积极的拼抢意识，在快速回防的情况下对快攻阵型仔细观察。在以少防多的情况下快速出击，抢夺进攻方的球权。

④在投篮不中快速回防时，己方的防守阵型要根据对方的快攻阵型进行变换，在投篮不中时要迅速采用前场紧逼防守，退回后场后则变换成人盯人防守。

3. 防守快攻战术的方法

（1）提高投篮命中率，拼抢前场篮板球

在现代篮球比赛中，攻防转换节奏极快。根据数据显示，防守方抢到防守篮板后发动的快攻次数是最多的。所以，提高进攻运动员的投篮命中率以及拼抢进攻篮板的能力是阻止对方快攻的有效方式。

（2）积极封堵第一传和接应

在由攻转守的环节中快速堵截一传和接应能够有效地阻止快攻。封堵一传和接应可以延缓对方的快攻时间，为本队的防守落位争取时间。通常在对方已经取得防守篮板球、发界外球时采用贴身堵截和夹击的方法非常有效果。

(3) 防守快下运动员

当场上发生攻防转换时，防守方球队运动员要及时对中场空间展开封堵，防止进攻运动员直接突破到篮下得分，积极运用快速退守，并追截沿边线的快下运动员。

(4) 提高以少防多的能力

培养运动员一防二、二防三的能力，重点培养其篮下防守能力，为其他运动员防守落位争取时间。

当发生一防二的情况时，防守运动员要迅速观察快攻运动员的位置以及移动路线，抢占有利的防守位置，边退防边进行干扰，迫使运球能力较低的运动员持球，延缓快攻时间。

第四节 高校篮球运动体能训练

体能是运动员技战术水平得以发挥的基础，篮球运动充满激烈的对抗，篮球运动员必须具备良好的身体素质才能在激烈的攻守对抗中充分发挥自己的技战术水平，进而达到获胜的目的。因此在篮球运动训练体系中，体能训练居于基础地位，必须给予高度重视。

一、体能训练理论与篮球体能训练要求

（一）体能训练基础理论

1. 体能训练的概念

体能训练是指通过结合专项需要和合理负荷的动作练习，促进运动员身体形态改善，器官系统机能提高，运动素质发展，进而促进运动成绩不断提高的过程。

2. 体能训练的基本原则

（1）系统性原则

系统性原则指的是运动员在体能训练的过程中，通过体能发展的内在规律对自己的训练过程进行科学合理的规划，并且长期不间断地坚持训练。

在体能训练过程中贯彻系统性训练原则应做到以下两点要求。

①要对整个训练过程进行系统规划。

②对训练过程中不同发展阶段的体能训练从各个方面作出系统安排。

（2）全面性原则

全面性原则指的是在发展专项运动技能的前提下，全面安排和充分发展运动员的各项运动素质，通过体能训练使运动员各方面素质得到全面而均衡的发展，即全面发展运动员的身体形态、身体机能、身体素质以及心智。

专项运动素质与技能的发展建立在一般运动素质的基础之上，只有进行全方位的安排才能更好地创造这种条件与可能，使专项所需要的素质得到充分发展。

（3）个性化原则

个性化原则指的是在确定训练目的、选择运动项目、安排运动时间和运动负荷时，要将运动员个人和外界环境条件的实际情况作为主要参考依据，结合运动员的个体差异，因人而异地安排训练。

个性化原则是进行体能训练的根本要素，一定程度上对训练效果起决定性作用。坚持个性化原则实际上也就是要求在进行体能训练时，一切从实际出发，有针对性地进行训练。

（4）自觉积极原则

自觉积极原则指的是对于已设定的行为目标，运动员采取的一种主动性行为。体能训练实际上也是运动员克服自身惰性，战胜各种困难，下定决心通过自我训练达到完善自身的目的的一个过程。在体能训练过程中，运动员只有养成自觉的训练习惯而不是被动参与训练，才能在获得愉快运动训练体验的同时，取得良好的训练效果。

3.体能训练的内容

（1）身体形态训练

①身体训练。

身体训练方法对改善运动员的身体形态有重要意义，身体训练方法必须科学、系统、适合专项需要。

②专项训练。

运动员的身体形态是否适应专项特点，满足专项需要，直接影响其专项运动水平和运动成绩,而科学合理的专项训练手段能够改善运动员专项运动所需的身体形态。

③形体训练。

芭蕾、舞蹈、持轻器械体操、健身操等特定的形体训练也有利于运动员良好运动姿态和身材的形成,能够促进运动员协调能力、节奏感的提高。

(2)身体机能训练

身体机能训练涉及各个系统,如心肺系统、肌肉系统、免疫系统、神经系统等,这些系统又各自包含不同的要素,因此身体机能训练中涉及的内容非常多,如图4-4-1所示。

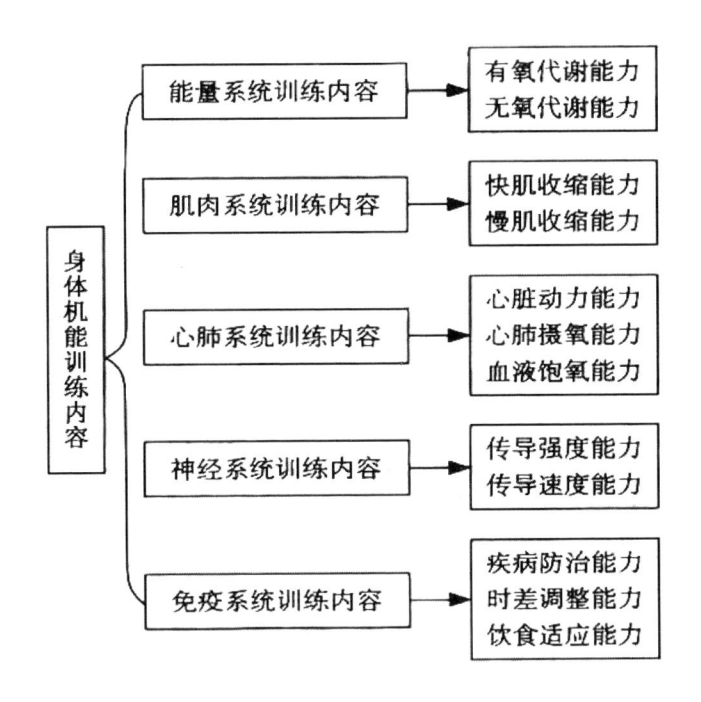

图4-4-1 身体机能训练内容

(3)运动素质训练

运动素质包括力量、耐力、速度、柔韧性等内容,这些要素相互影响,关系密切,因此在训练中要注意训练的整体性。运动素质训练内容如图4-4-2所示。

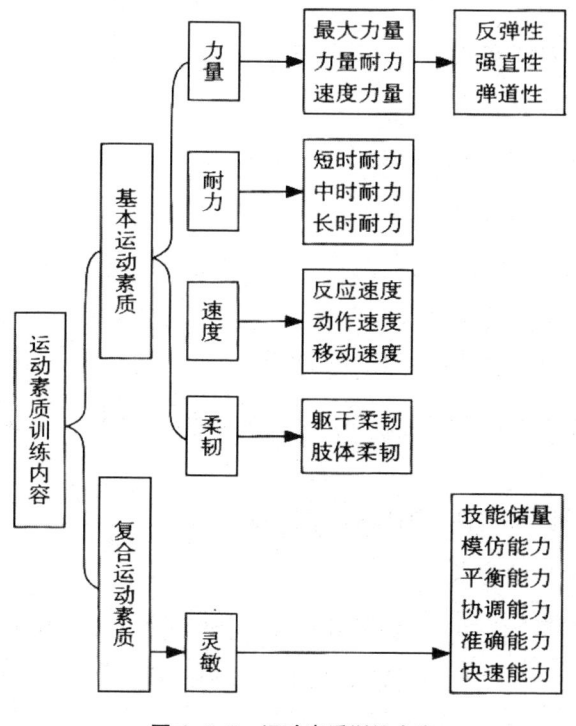

图 4-4-2 运动素质训练内容

（二）篮球体能训练要求

1. 篮球力量训练的要求

篮球运动员进行篮球力量训练的前提是在与篮球运动专项特点相符的情况下进行。以篮球急停起跳力量为例，下蹲的力量性质与其就有很大的差距。如果篮球运动员的缓冲力量不足，就会导致膝关节损伤，所以说通常认为的伸膝力量不足导致膝关节损伤的看法是错误的。篮球运动员在对力量训练方法进行选择时，要注意在收缩肌肉时采取与篮球运动特点相符的方式。在基础力量训练中所选的训练方法要符合篮球运动技术结构。

2. 篮球速度训练的要求

动作速度、反应速度以及移动速度是篮球运动员基础速度素质训练的重点内容。由于篮球场是一个范围十分有限的区域，因此运动员要对这一区域内影响自身速度素质的主要因素有一个清楚的认识。运动员躯干的固定平衡力量和髋、膝、踝三个关节的爆发力以及上肢的摆动力量是影响运动员速度素质的主要因素。鉴于这几方面的影响因素,在篮球运动速度素质训练中应注意以下 3 点。

①培养运动员对时空的反应判断能力。

②对动作频率重点训练。

③要在训练前期安排速度训练。

3. 篮球耐力训练的要求

篮球运动耐力训练需要注意以下 4 方面的要求。

①促进有氧耐力的增强是提高篮球运动员基础耐力水平的关键。

②专项耐力的训练要在篮球运动的耐力训练中重点突出。

③有氧耐力的训练是准备阶段前期重点发展的耐力素质,无氧耐力需要在赛前阶段重点发展。

④进行篮球基础耐力训练需要制订长年计划。

4. 篮球柔韧训练的要求

篮球运动要求运动员具有良好的协调性与灵活性。儿童时期尤其要注意发展柔韧素质,因为这一时期儿童的软组织质量有利于发展柔韧性,柔韧训练的时间越早,取得的效果就越好。

篮球运动员需要长期坚持柔韧素质训练,这样才能取得持久的效果。运动员需要在每次篮球体能训练中做一些拉伸性的练习,也需要通过专门的柔韧练习课来提升自己的柔韧性。

5. 篮球灵敏训练的要求

篮球运动员需要提高各个技术动作的准确性,通过其他素质的练习来发展自己的灵敏素质。

二、基础体能训练方法

(一)力量素质训练方法

1. 肩部力量训练

(1)颈前推举

身体直立,两手握杠铃于锁骨处,握距同肩宽,手臂向上伸直将杠铃推起,然后慢放还原。

（2）颈后推举

两手反手握杠铃于颈后，手臂伸展向上举起杠铃，然后慢放还原。

（3）直臂侧平举

自然直立，两手各持哑铃垂于体侧，两臂伸至侧平举，快上慢下。

（4）头上推举

两脚开立，两手各握一个哑铃，屈臂置于肩上，手臂迅速向上伸展，将哑铃推举至头顶上方，慢慢放下还原。

2.颈部力量训练

（1）背桥练习

头、脚支撑在地面，仰卧或俯卧姿势，腰腹部向上挺，两手在胸腹部，使身体反弓成"桥"或腹部向下，以额头（或头顶）和脚趾支撑于地面，臀部上提成"桥"。

（2）双人对抗练习

两人一组，同伴在练习者前额围一块毛巾，一手拉住毛巾两端，一手扶在练习者肩胛部。练习者上体固定，向前向下低头，对抗同伴后拉毛巾。

3.手臂力量训练

（1）坐姿弯举

坐在凳端，两腿自然分开，一手握哑铃，另一手掌置于持哑铃手侧的膝关节上部，握哑铃手臂伸展，将肘关节的上部置于膝关节处另一侧的手背上，上臂固定，慢速屈肘至胸前，然后再有控制地恢复预备姿势。

（2）手腕屈伸负重练习

两手反握杠铃或哑铃，前臂分别贴在两大腿上，手腕伸出位于膝关节外。手腕围绕额状轴上下旋卷，手腕卷曲幅度尽量大；或者采用正握杠铃的方法进行练习。

4.腹部力量训练

（1）支撑举腿

双手支撑在双杠上，两臂伸直，身体伸展，下肢放松，双脚并拢，收腹举腿至水平位，然后还原。

（2）悬垂举腿

两手正握单杠，两臂伸展，下肢放松，身体悬垂，依靠收腹力量直腿上举，使脚腕触及单杠后再还原。

5. 胸部力量训练

（1）仰卧扩胸

仰卧在垫子上，两手持哑铃，两臂在身体两侧伸直，直臂慢速将哑铃举至胸的正上方，然后慢速还原。

（2）俯卧撑

直臂双手俯卧撑地，两手间距稍宽于肩，伸腿并脚，脚趾撑地，屈臂下俯，再还原。两臂力量提高后，将两脚置于高台上进行练习。

6. 腿部力量训练

（1）下蹲腿后提铃

两脚开立，屈膝下蹲，杠铃与脚后跟紧贴，正握杠铃，蹲起直臂提铃于臀部，挺胸直背，然后还原。

（2）卧抬上体

俯卧在台面，上体从一端探出，两手置于头后，上身下俯，然后快速向后向上抬上体，有控制地慢速还原，反复练习。

（3）负重深（半）蹲跳

双脚开立，身体直立，双手握杠铃扛于颈后，屈膝半蹲快速蹬伸，髋、膝、踝充分伸展，向上跳起，落地时保持半蹲或深蹲。

（二）速度训练方法

1. 反应速度训练

（1）反应起跳

画一个圆圈，圈外分开站两人，练习者站在圈内圆心处，手持竿长超过圈半径的竹竿向圈外人脚下画圆，圈外人在竿经过自己脚下时迅速往上跳起，避免被打中，若圈外人起跳不及时，脚被竹竿打中，则在圈内扮演持竿者的角色，原来的持竿者站到圈外，继续按同样的方法练习。

（2）压臂固定瑞士球

在长凳上立腰直背坐立，一侧手臂水平向同方向伸出，手掌将瑞士球压住。同伴向侧面不同方向拍球，练习者手用力按压，防止球移动。

2. 动作速度训练

（1）横向飞鸟

两脚左右开立，双手在体前平举杠铃片，向两侧打开手臂直至最大限度，然后还原，反复练习。

（2）纵向飞鸟

双脚左右开立，双手在体侧持握杠铃片，直臂快速举到头顶，然后还原，反复练习。

（3）仰卧快速伸臂

在瑞士球上仰卧，双手持哑铃迅速向上直臂举起。上臂固定不动，保持片刻，然后下放到头两侧。休息片刻，再进行屈肘练习。

直臂练习与屈肘练习交替进行。

（4）仰卧双腿快速提球

仰卧，身体在地面上，双腿在瑞士球上，用一根绳子将双踝系在一起，保持球的固定。两臂在身体两侧的地面上向斜下方向伸展，掌心贴地面。两膝发力向胸部靠近，直至大腿与地面的夹角稍大于直角，反复练习。

（5）双杠快速臂撑起

双手抓在双杠上支撑身体，两手间距离约同肩宽。屈肩、屈肘，身体下移，然后臂部发力再次将身体撑起，反复练习。

（6）仰卧屈腿快速转腰

在垫子上仰卧，双手将脑后的横杆握住，膝盖弯曲，腹部收缩发力，使髋快速向两侧转，让腿贴紧垫子，反复练习。

（7）俯卧快速伸背

在长凳上放好瑞士球，练习者俯卧在球上，双手将凳子两侧抓住，两脚腾空。头、颈自然放松，臀部肌肉发力，双腿上抬，直至与髋、肩成一条直线。

（8）绳梯连续交叉步

两脚左右开立，两臂向左右两侧充分伸展，脚跟跷起，前脚掌撑地，向左侧或右侧快速移动身体。以向左侧移动为例，左脚先左移，右脚前交叉移到身体左侧，反复练习。

（9）快速内拉腿

将瑞士球置于体侧，同侧脚放在球上，将阻力滑轮绳索或胶带系在踝关节上。支撑腿膝、髋稍屈。球上的脚向身体方向移动，慢慢弯曲靠近身体，反复练习。

（10）侧卧腿绕环

在斜板上侧卧，身体充分伸展，上侧腿尽量大幅度绕环，然后换腿练习，反复进行。

（11）扶墙快速踝屈伸

双手扶在墙上，一脚跷起，脚尖着地，脚背贴在另一脚脚后部。身体向墙慢慢靠近，双臂保持稳定以支撑身体，还原，如此反复进行踝关节屈伸练习，左右脚交替进行。

（12）负重交换腿跳

将轻杠铃放在肩上，双手握杠铃杆两侧。快速起跳，双腿位置相互交换，反复练习。

（13）抱头旋转

屈膝弯腰，上体约平行于地面，两手交叉在脑后抱头，朝同一方向快速旋转 15 秒左右，然后直走 10 米左右，重复练习。

3.位移速度训练

（1）高抬腿伸膝走

按照短跑的方式大步走，高抬摆动腿，充分屈膝使脚与大腿靠近。

（2）踮步高抬腿伸膝走

参考高抬腿伸膝走的训练方法，注意支撑腿要加上踮步，并尽可能抬高摆动腿的膝关节。

（3）踮步高抬腿伸膝走拉胶带

把胶带一端系在脚踝上，另一端固定在地面上。然后参考踮步高抬腿伸膝走的训练方法进行练习。

（4）踮步折叠腿大步走

按照短跑的方式充分摆臂大步走，摆动腿充分弯曲，后蹬腿要加上踮步动作。

（5）踮步折叠腿大步走拉胶带

把胶带一端系在脚踝上，另一端固定在地面上。然后参考踮步折叠腿大步走的训练方法进行练习。

（6）弓箭步纵跳

弓箭步准备，垂直起跳，落地还原，反复练习。

（7）跑台阶

以跑的形式连续上台阶。

（8）沙滩跑

在松软沙滩上快速跑动。

（9）下坡跑

在坡度为3°～7°的下坡跑道上快跑。

（10）陡坡上坡跑

在坡度为20°～35°的上坡道上快速跑。

（11）拖降落伞跑

绳索的一端系在腰部，另一端系在降落伞上，拖着降落伞快速跑。

（12）身体前倾起跑

双脚并立，身体向前倾，直到快要失去平衡时快速向前跑。

（三）耐力训练方法

1. 有氧耐力训练

（1）定时跑

进行15分钟左右的定时跑练习，时间再长一些也可以，保持50%～55%的练习强度。

（2）定时定距跑

先选择练习距离，然后定时跑完，如选择的距离范围为3 600～4 600米，用18分钟左右的时间跑完。

（3）重复跑

在跑道上进行重复跑练习，距离、次数与强度以专项任务与要求为依据进行安排，保持50%～60%的练习强度。

（4）沙地连续走或负重走

在海滩上进行徒手快走或负重走练习。

（5）5分钟以上的循环练习

选择8~10个练习动作组成一套循环练习，每组循环时间至少为5分钟，共循环练习3~5组，每组之间有5~10分钟的休息时间，保持40%~60%的练习强度。

2. 无氧耐力训练

（1）高抬腿跑转加速跑

行进间高抬腿跑20米左右转加速跑80米。反复练习5~8次，每次间歇2~4分钟。

（2）反复超赶跑

在田径场跑道或公路上，10名练习者成纵队慢跑或中等速度跑，听到口令后，排尾加速向排头跑。每名练习者重复6~8次。

（3）间歇接力跑

4名练习者成两组在跑道上相距200米，听到口令后起跑，每人跑200米交接棒。每名练习者重复8~10次。

（4）反复起跑

站立式（或蹲踞式）起跑30~60米。每组3~4次，反复练习3~4组，一组两次之间间歇1分钟，两组之间间歇3分钟。

（5）反复变向跑

在场地上听口令或看信号做向前、后、左、右的变向跑。变向跑的每一段均为往返跑，每一段至少50米。每次练习两分钟，反复练习3~5次，间歇3~5分钟。

（6）计时跑

可做短于专项距离的重复计时跑或长于专项距离的计时跑。重复4~8次，间歇3~5分钟。

（7）法特莱克跑

以不同的速度在场地上跑3 000~4 000米，可采用阶梯式变速方法。

（8）反复连续跑台阶

在每级高 20 厘米的楼梯上连续跑 30～40 步台阶，每步两级，动作不能间断。反复练习 6 次，间歇 5 分钟。

（9）两人追逐跑

两名练习者一组，在跑道上相距 10～20 米。听到口令后起跑，后面练习者追赶前面同伴，800 米内追上有效。休息 3～5 分钟，交换位置继续练习。重复练习 4～6 次。

（10）往返运球跑

在篮球场地上从一端线运球到另一端线，然后换手运球返回，往返 6 次为一组，练习 4～6 组，组间安排两分钟休息时间。

（四）柔韧训练方法

1. 各关节柔韧训练

（1）肩关节柔韧训练

①向内拉肩。

站姿，一臂肘关节抬到齐肩高，屈肘与另一臂交叉。另一臂抬到齐肩高将对侧肘关节抓住，呼气，向后拉，保持片刻。

②向后拉肩。

站姿，双手在背后掌心相贴，手指向下，吸气，手腕转到手指向上。吸气，双手向上移到能力极限，并将肘部向后拉，保持片刻。

③背向拉肩。

背墙站立，双臂向后直臂扶墙，与肩同高。呼气，屈膝下移重心，手臂和上体充分伸展，保持片刻。

④握棍直臂绕肩。

站立，双手握木棍。吸气，直臂从髋前部向上绕到髋后。再绕回。

⑤助力顶肩。

跪姿，双臂上举，双手交叉于身后的辅助者颈后。辅助者手扶在髋部触碰对方肩胛部位，后仰，用髋部向前上顶，保持片刻。

⑥助力转肩。

一臂屈肘 90° 侧举，同伴帮助固定肘关节，向后推手腕，保持片刻。

（2）腕关节柔韧训练

①跪撑侧压腕。

跪姿撑地，手指指向体侧。呼气，重心缓慢向前、后方向移动。

②向内旋腕。

站立，双手合掌，臂伸直。呼气，手腕内旋，双手分离。

（3）髋关节柔韧训练

①身体扭转侧屈。

站姿，左腿伸展、内收，在右腿前交叉。呼气，上体右侧屈，双手争取去触碰左脚跟，保持片刻。

②仰卧髋臀拉伸。

平卧，外侧腿从台子上向下移到悬垂空中。吸气，内侧腿屈膝，双手抱膝缓慢拉向胸部，保持片刻。

③台上侧卧拉引。

侧卧，双腿伸展。呼气，一腿直膝分腿后移，悬在空中，保持片刻。

（4）踝关节柔韧训练

①跪撑后坐。

跪姿，双手撑地，双脚并拢脚掌支撑。呼气，臀部向后下方移，保持片刻。

②踝关节向内拉伸。

将一腿小腿移到另一腿大腿上。一手把踝关节上部小腿抓住，另一手把脚外侧抓住。呼气，并向内拉引踝关节外侧，保持片刻。

③上拉脚趾。

将一腿小腿移到另一腿大腿上。一手将踝关节抓住，另一手将脚趾和脚掌抓住，保持片刻。

2. 各部位柔韧训练

（1）颈部柔韧训练

①前拉头。

双手在头后交叉。呼气，向下拉头，下颌触碰胸部，保持片刻。

②团身颈拉伸。

身体由仰卧举腿团身，头后部和肩部承受身体重量，双手膝后抱腿。呼气，将大腿向胸部拉，膝和小腿前部触地。

（2）胸部柔韧训练

①坐姿胸部拉伸。

双手头后交叉。吸气，双臂后移，上体上部后仰，拉伸胸部，保持片刻。

②直臂开门拉胸。

在一扇打开的门框内，双脚前后开立，双臂向斜上方伸直顶在门框和墙壁上。双手掌心对墙。呼气，身体前倾拉伸胸部，保持片刻。

③跪拉胸。

跪姿，身体前倾，前臂交叉高于头部放在台子上。呼气，头部和胸部下沉，直到触地，保持片刻。

（3）腹部柔韧训练

①上体俯卧撑起。

俯卧，双手掌心向下、手指向前放在髋两侧。呼气，用手臂撑起上体，头后仰，形成背弓，保持片刻。

②俯卧背弓。

俯卧，屈膝，脚跟向髋部移动。吸气，双手把脚踝抓住。收缩臀部肌肉，胸部和双膝离开垫子，保持片刻。

（4）腿部柔韧训练

①台上平卧拉引。

平卧，呼气，外侧腿下移悬空。内侧手把悬空腿踝关节或脚抓住，向臀部方向缓慢拉引。

②扶墙上拉脚。

站姿，一手扶墙，一腿屈膝，脚跟向臀部靠近。呼气，另一手把屈膝腿脚背抓住，吸气，向臀部缓慢提拉。

③坐拉引。

坐姿，双腿伸展，双手在髋后直臂。一腿屈膝，一手将屈膝腿脚跟内侧抓住。呼气，屈膝腿伸展，垂直另一腿，保持片刻。

④坐压脚。

跪姿，脚趾向后。呼气，坐在双脚脚跟上，保持片刻。

⑤站立拉伸。

背贴墙，吸气，直膝抬起一条腿。同伴用双手将练习者屈膝腿的踝关节上部抓住，帮助腿上举，保持片刻。

（五）灵敏协调能力训练方法

1. 快速制动与起动能力训练

（1）加速—制动训练

①教练员发出"跑"的口令，运动员听到口令的同时迅速加速。

②教练员击掌，运动员听到击掌的声音时，尽可能以最短的时间将速度减到零。

③反复练习。

（2）加速—制动—再起动训练

①教练员发出"跑"的口令，运动员听到口令的同时迅速加速。

②教练员击掌，运动员听到击掌的声音时，立即减速。

③教练员再次击掌，运动员听到声音时立即加速。

（3）加速—制动—变向训练

①教练员发出"跑"的口令，运动员听到口令的同时迅速加速。

②教练员击掌，运动员听到击掌的声音时，立即减速。

③教练员在运动员的速度几乎减到零时发出"左""右"或"后"的口令，运动员听到口令后，按照口令的指示迅速加速跑。

2. 灵敏步伐训练

（1）Z字形跑

①将8～10个标志软盘摆放成Z字形，每个标志软盘之间间隔3米的距离。

②运动员半蹲，稍微向前倾上体，腰腹收紧，头抬起。

③运动员在第一个标志盘处进行侧前或侧后滑步。

④到达第二个标志盘后变化方向朝第三个标志盘滑动。依此类推，直到滑步到最后一个标志盘，结束训练。

（2）快速绕"点"跑

①将 4 个标志盘摆成边长为 5～7 米的正方形。

②运动员任选一个标志盘作为出发点，快速冲向下一个标志盘的内缘，然后以小碎步迅速从标志盘绕过，再向下一个标志盘的内缘冲刺。

③依此类推，跑完所有标志盘。

三、篮球专项体能训练方法

（一）篮球专项力量训练方法

1. 上肢力量训练

①负重推举。

②负重伸屈臂。

③卧推。

④两人一组，一人侧平举，另一人用力压手腕对抗。

2. 手指手腕力量训练

①手指用力抓空练习。

②两人坐着用指腕力量传篮球或实心球。

③两人一球，用单手手指相互推球。

④左、右两手相互对抗，用力抓夺篮球。

⑤双手握杠铃杆，直臂做快速屈伸手腕练习。

3. 腰腹力量训练

①利用杠铃负重转体、挺身。

②仰卧举腿，仰卧折体，仰卧挺身。

③单、双脚连续左右跳过一定高度。

④跳起空中收腹、手打脚、转身、空中传球或空中变化动作上篮等。

4. 下肢力量训练

①负重提踵。

②徒手单腿深蹲起。

③深蹲跳。

④徒手半蹲或背靠墙半蹲。

⑤两人一组，利用人的体重进行负重半蹲起。

5.爆发力训练

①全场连续蛙跳。

②全场连续多级跳。

③连续快速跳起摸高。

④中场三级跳上篮。

⑤负重投篮。

6.核心力量训练

①俯姿平撑，俯卧，双臂屈肘 90° 支撑身体，双脚伸直并拢用脚尖撑地，肢体固定腹背部。

②侧姿臂撑，侧卧，单臂屈肘支撑身体，另一只臂屈肘侧举，双脚伸直、并拢，用一只脚外侧撑地。

③仰姿桥撑，仰卧，双臂屈肘支撑身体，双脚伸直、并拢，用脚撑地。

总之，在篮球专项力量练习中，练习动作幅度、用力方向与技术动作必须符合要求，练习负荷要高于比赛要求，从而在关键技术环节充分发挥身体力量。

（二）篮球专项速度训练方法

1.跑的练习

（1）基本步法训练

①小步跑训练。

双膝稍弯，身体呈一条直线（肩、髋、膝和踝关节呈一条直线），尽可能提踵。跑动时，前脚掌着地，尽可能蹬伸，双膝微屈，双脚交替。着地时注意用前脚掌，而不是整个脚底。当右脚蹬离地面时，左脚要划过地面。

②高抬腿跑训练。

高抬腿跑时，要求前脚掌落地，抬膝时保持身体伸展。当一条腿伸直时，另一条腿的大腿要与地面保持平行。当膝盖抬到最高点时（大腿与地面平行），脚踝向后勾，脚置于膝盖的下方。此外，还应注意运用正确的手臂动作。

（2）起动跑训练

①原地或移动中，根据教练员的信号突然起动快跑。

②起跳落地，立即起动侧身加速快跑。

③用各种姿势起动，全速跑 10～30 米。

④四步加速跑。

⑤ 5 米折回抢滑步。

⑥不同距离折回跑。

（3）各种姿势、各种距离跑的训练

用各种姿势起跑，全速跑 30 米、60 米或 100 米，改进和提高跑的技术和速度。两罚球线、两端线及各种距离的往返接力跑等。

（4）移动中各种跑的训练

①快速跑变中场后退跑。

②各种折线跑与抢滑步练习。

③折线起动侧身变方向跑。

④沿边线侧身快速跑。

⑤沿 3 分线急停、起动、侧身跑。

（5）跑台阶训练

快速斜线、直线向上跑台阶，直线上下台阶计时跑，上、下坡快速跑等。

（6）结合球进行各种跑的训练

①直线或折线自抛自接球快速跑练习。

②单手全场直线（或一次变向）快速运球上篮。

③全场 3 人 8 字传球快速跑。

④全场传 3 次球然后上篮的各种方式跑练习。

⑤全场传球快速起动跑。

⑥加速快跑接长传球、地滚球上篮练习。

2. 手臂摆动练习

（1）前后甩臂训练

①向前甩臂，然后贴身向后甩臂。保持双肩放松，手臂伸直。手和手指放松。握拳会使前臂和双肩紧张，从而制约双臂的自由摆动。

②屈肘呈 90°，放松摆动肘部，手臂前后移动，但手的位置不要高过胸部或肩；向后摆动时，手的位置不应超出臀部。

③随着练习的进行，摆臂动作加快。注意，手臂摆动速度有助于腿的摆动速度。

（2）坐姿摆臂训练

坐在地板上或板凳上，双腿伸直。摆动手臂，肘部呈 90°弯曲，仿佛在敲鼓。

（三）篮球专项耐力训练方法

1. 无氧耐力的训练

①变距快速折返跑。

②连续碰板 100~200 次。

③半蹲式原地快速点地跑 1 分钟，可进行 4~5 组。

④短距离如 30 米、60 米、100 米、反复冲刺跑，随着训练水平的提高，每次跑的间歇时间可逐步缩短。

⑤全场连续防守滑步。

2. 有氧耐力的训练

①中长跑、越野跑、爬山等。

②各种跑、跳、防守脚步动作、投、突、传、运等动作组成的全场综合练习。

③两名运动员分别站在球场的两个篮下，听信号先后跳起摸篮板（圈），然后做后退跑。

3. 混合耐力训练

①全场 10 圈变速跑。

②全队人员沿篮球场边线交替排头追逐跑。

③连续进行长时间的各种攻守技术练习和全场攻守的比赛。

（四）篮球专项柔韧训练方法

①两腿前后开立，两脚跟触地做弓箭步向下压腿。

②在地板上做"跨栏步"拉压腿、胯。

③两臂做不对称大绕环转肩动作，在背后一手从上往下，另一手从下往上，两手在背后做拉伸练习。

④两手手指交叉相握，手心向外做压指和压腕动作，向下、前、上、两侧充分伸展手臂。

⑤利用器材或队员相互间做压肩、拉肩、转肩背和各种压腿拉腰、背及全身伸展练习。

⑥两腿交叉直立，上体前屈手摸脚或地面。

⑦左右弓箭步练习，手放在脚上，连续左、右弓箭步练习。

（五）篮球专项灵敏训练方法

1. 反应判断能力训练

①按有效口令做相应动作。

②按口令做相反动作。

③听信号的各种姿势起跑，站立式、背向、蹲、坐、俯卧撑等姿势。

④听信号或看手势急跑、急停、转身、变换方向练习。

⑤原地、行进间或跑步中听口令做动作。例如，喊数抱团成组；加、减、乘、除简单运算得数抱团组合，看谁最快等。

⑥一对一追逐模仿。

⑦一对一互看对方背后号码。

⑧一对一脚跳动猜拳、手猜拳、打手心手背、摸五官等练习。

⑨跳绳。

⑩各种游戏，如叫号追人、追逃游戏等。

2. 协调能力训练

①模仿动作练习。

②各种徒手操练习。

③做不习惯方向的动作。

④简单动作组合练习。

⑤一对一背向互挽臂蹲跳进、跳转。

⑥脚步移动练习。例如，前后、左右、交叉的快速移动，单脚为轴的前后、转体的移动，左右侧滑步、跨跳步的移动。

⑦双人跳绳。

⑧双人头上拉手向同方向连续转。

⑨跳起体前屈摸脚。

⑩做小腿里盘外拐的练习。

⑪改变动作的连接方式。

⑫选用武术中的"二踢脚""旋风脚"动作进行练习。

⑬双人一手扶对方肩,一手互握对方脚腕,各用单脚左右跳、前后跳、跳转。

3. 平衡能力训练

①在平衡木上做一些简单动作。

②在肋木上横跳、上下跳练习。

③各种站立平衡,如俯平衡、搬腿平衡、侧平衡等。

④一对一弓箭步牵手面向站立,虚实结合互推互拉使对方失去平衡。

⑤一对一面向站立,双手直臂相触,虚实结合相互推,使对方失去平衡。

(六)篮球专项弹跳训练方法

①连续半蹲跳、跳深、收腹跳。

②单脚跳连续跨跳或蛙跳 28 米若干次(每次要求达到步数)。

③两脚交替直线向前跨跳和直线向前左、右跨跳。

④连续深蹲跳(或跳起摸一定高度)20 次。

⑤跳绳练习。

⑥单脚徒手全力跳上、下台阶。

⑦两人一球,5 米距离,互相跳传。

⑧原地起跳连续摸篮圈或篮板,行进间跳起摸篮筐,原地上步摸篮筐或篮板。

⑨行进间摸篮筐或篮板接原地起跳摸篮筐或篮板。

⑩持球跳起空中连续托球打篮板练习,要求在最高点触球。

⑪一人持球在篮下左、右连续跳起投篮,要求在跳到最高点时出手。

⑫向左或右上步断高传球练习,要求跳到最高点断球。

⑬两人一球,分别站在篮下左、右侧,连续跳起在空中碰板对传球,要求身体跳到最高点触球。

⑭向篮板抛球，然后跳起空中补篮，三人一球连续进行。

⑮全队一球，行进间跳到空中连续打篮板练习，要求跳到最高点触球，手臂、身体充分伸展。

第五节　高校篮球运动心理训练

篮球运动是同场对抗类竞技运动，具有开放性。篮球运动员要在球场上利用有限的时间熟练地控球、精准地投篮，要与队员默契地配合，与对方进行激烈的对抗，篮球运动的这些特点决定了运动员必须具备良好的心理素质。良好的心理素质也是使篮球运动员在球场上充分发挥自身技能水平的重要保障。

一、篮球运动员心理素质分析

（一）专门化知觉

1. 球感

篮球运动员在长期训练中形成的对球的性质及运动规律的精细感知就是所谓的球感，熟练控制球、随意支配球是运动员球感的具体表现。运动员球感的形成是视觉、触觉、动觉、时空知觉及运动知觉共同参与的结果，这是一种复合感知。篮球运动员只有具备良好的球感，才能在球场上熟练运球、精确投篮。[1]

篮球运动是集体对抗性竞技项目，篮球制胜的关键在于同伴间的默契配合。这需要运动员在球场上随时都要进行全面观察，而运动员在这个过程中要获得更多的自由与主动权，要集中注意力观察场上形势和发挥技战术，就要具备良好的球感，这是优秀运动员的一个必备心理素质。

2. 时空感

运动员在球场上对时间特征（场上形势的延续性和顺序性）、空间特征（队友、对手、球篮位置、距离、高度等）的感知就是所谓的时空感。篮球运动员只有具有良好的时空感，才能对对手及同伴的行动进行准确预测和判断，从而及时争取

---

[1] 徐伟宏. 篮球队伍管理与心理训练 [M]. 北京：知识产权出版社，2013.

时间，获得有利空间，掌握主动权。篮球运动员良好的时空判断能力在跳球、抢断球、抢篮板球等方面都能发挥非常重要的作用。

（二）思维

思维能力是篮球运动员战术意识的核心。篮球战术有个人战术和集体配合之分，所以篮球运动员的思维也包括个人思维和集体思维两种类型。

1. 个人思维

思维是借助语言、表象或动作实现的对客观事物的概括和间接认识，是认识的高级形式。篮球运动员在比赛中面临着很多棘手的问题，如怎样摆脱、切入、防守等，运动员面对这些问题不能有丝毫的犹豫，应果断作出决策，在这个过程中，运动员会在头脑中迅速对自己掌握的信息进行加工。运动员的思维决策过程是一个行为控制系统，这个系统的核心是信息加工。决策者、决策的环境和决策结果是这个系统的三个构成要素，它们之间密切相关。在篮球运动情境中，运动员的个人思维决策过程具有问题的空间性、过程的时间压力、结果的不确定性和即时性等特征。

2. 集体思维

篮球运动员之间在共同目标的引导下，对同一问题情境产生相同概括反应的过程就是所谓的集体思维。在篮球运动中，一切配合行动都建立在集体思维的基础上。运动员之间行动一致，默契配合，具有较强的协同性和互补性，这是集体思维的良好表现，也是思维训练的目标。篮球队高质量完成配合的基础是拥有良好的集体思想，所以对篮球运动员而言，这是非常重要的一个心理素质。

（三）意志

有意识地对行为进行支配、调节，通过努力克服困难来达到预定目的的心理过程就是所谓的意志。顽强性、坚韧性、自控力、果断性、自信心和目标清晰度是意志品质的主要内容。在激烈的对抗中为实现目标而努力克服困难，这是篮球运动员坚强意志品质的表现。篮球比赛复杂、激烈，有很多障碍都是意想不到的，比赛的胜负在很大程度上受运动员意志品质的影响。运动员只有拥有顽强的意志品质，才能在激烈的比赛对抗中敢打敢拼，信心十足，向着目标努力，否则会情绪不稳，总是出错，丧失信心。篮球运动员的各种心理能力都表现在意志行动上，可见意志品质具有非常重要的作用。

（四）情绪

人对客观事物的态度体验及相应的行为反应就是情绪。在篮球运动员最佳心理状态中，情绪稳定是最核心的内容，只有保持稳定的情绪，才能保证正常发挥运动水平。篮球运动员的情绪对其技战术的发挥有直接的影响，从而对比赛的结果也有很大的影响。因此，要重视对篮球运动员情绪控制能力和调节能力的培养，使其能够对自己的情绪进行合理的调整，避免情绪过激或产生消极情绪。

（五）团队凝聚力

团队凝聚在一起共同追求某一目标或对象的动态过程就是凝聚力。良好的团队凝聚力是一支篮球队伍的整体实力得以充分发挥的有力保障，增强团队的凝聚力不但能够提高运动员的比赛成绩，还能增强集体自我效能。

二、篮球运动员球感的培养

（一）篮球球感的作用

1. 在技术运用中的作用

篮球运动技术具有复杂多变性，篮球技术与其他竞技项目技术的最大区别在于运动员直接用手控球，然后上肢与全身协调配合完成各种动作，最后通过手部的动作去控制球、支配球和争夺球，这也是篮球技术魅力的体现。篮球运动员熟练控制球和支配球的前提是要有良好的篮球球感，这也是运动员充分发挥各项技术的一个重要基础。球感良好的运动员在完成篮球技术时不容易出错。投篮是一个连贯的过程，在这个过程中，运动员要凭借自己的球感来不断控制手的动作，投篮命中率的高低直接受球感好坏的影响。球感好的运动员投篮的成功率更高一些。

2. 在战术运用中的作用

在篮球运动中，运动员良好的球感是集体战术配合得以实现的重要保证。敏锐的球感能够使运动员更好地控球，同时合理分配注意力，对同伴的行动路线、位置变化等进行观察，在此基础上进行有效的配合。良好的球感可以使运动员更加自信，更有胆量和勇气展开对抗，从而更加灵活自如地发挥自己的战术配合技能。

（二）篮球球感的培养方法

1.提高文化理论素质，改善知识结构

随着现代科学的精细划分与快速发展，运动训练领域中越来越频繁地渗入一些相关学科的先进知识和技术，这也促进了运动训练科学化水平的提高。在自然科学、社会科学及其他综合学科的影响下，篮球运动的理论（教学训练理论、战术实践理论、竞赛组织理论等）与知识体系逐渐形成并趋于完善，丰富的篮球理论与知识是篮球学科知识体系的重要组成部分，是篮球课程学习的主要内容。

运动员的文化理论素质对其运动技术的高低有重要的影响。篮球运动员是在充分掌握某些文化理论知识的基础上形成篮球球感的，知识的结构不同，其就有不同的功能。只掌握了各学科的知识还不能说是拥有良好的理论素质，还要看能否运用这些学科知识去解决现实问题，理论素养是一种基础素质，也是综合能力。理论知识具有高度概括性和重要指导意义，有助于运动员快速形成篮球球感。因此，在篮球运动员球感的培养中，应重视传授文化理论知识，并通过训练使运动员能够在篮球实践中灵活运用所学知识。

良好的文化素质能使篮球运动员的竞技水平不断提高，并促进其篮球意识的不断强化。

2.在技术训练中培养篮球球感

在篮球运动员篮球球感的培养过程中，要经过长期的、有计划的训练才能取得一定的成果。在一名篮球运动员的整个运动生涯中都要重视培养他的篮球球感。而培养球感的关键时期是在技术训练的最初阶段。这时对篮球运动员的感知觉能力、注意品质进行培养具有重要意义，能够促进其技术应变能力的增强和技术运用经验的丰富。

（1）培养感知觉能力

对篮球运动员的感知觉能力进行培养，先要使其视觉、听觉、触觉和本体感觉等尽可能扩大。初级运动员要多观察教练的示范，多看精彩的教学视频，多找机会接触球，以形成良好的感觉能力。对于高水平的篮球运动员，要适当增加训练难度与要求，使其感觉能力经过严格的训练进一步增强。

在篮球运动员感知觉能力的培养中，时间知觉、空间知觉、运动知觉是较为重要的培养内容。反复训练是培养这些知觉的有效方法。在反复训练中熟悉动作，逐渐形成篮球球感。

（2）培养注意品质

注意品质对篮球运动员而言非常重要，这在传球、接球、投篮中都能体现出来。在篮球比赛中，运动员一定要优先选择相关信息，排除没有意义的信息，这对篮球运动员来说是一种非常重要的能力，对于培养运动员的球感具有重要意义。在篮球运动员注意品质的训练中，要先弄清楚篮球运动对运动员注意品质的要求，然后结合运动员的个体情况进行培养与训练。

3. 在战术训练中培养篮球球感

对篮球运动员的个人作战意识、战术行动能力进行培养，促进篮球队整体协同作战能力的提升，促进运动员与运动队整体竞技水平的提高是篮球战术训练最重要的任务。而培养篮球运动员的篮球球感是发展运动员战术能力的基础。所以教练员要重视在篮球战术训练中进一步培养运动员的篮球球感。

在篮球战术训练中培养球感，要明确培养的目的，要有计划地培养，以提高球感培养的科学性与实效性。在篮球战术训练中可以采用多种方法来培养球感，训练方法不同，对运动员球感的形成也有不同的作用，这就对教练员的整体意识提出了较高的要求，篮球教练员要在球感训练中着眼于运动员的整体发展，针对不同水平的运动员设计不同的、有目的性的、系统的训练计划，让运动员了解球感训练的重要意义，以提高其训练的自主性。

此外，在篮球战术中进行球感的培养和训练，一定要与篮球比赛因素的变化保持适应与合拍。在篮球战术训练中，为了强化篮球运动员的球感，教练员要多安排包含多种变化组合的训练内容与任务。此外，要适时举办篮球比赛，如模拟比赛、三对三比赛等，以赛代练，检验运动员的球感，了解运动员最真实的球感水平。

三、篮球运动员动机的激发

（一）动机与运动动机

动机是个体在自我调节的作用下，使自身内在要求与行为的外在诱因相协调，从而形成激发、维持行为的动力因素。由此可以概括运动动机的概念，即运动员在自我调节的作用下，使自身内在要求与行为的外在诱因相协调，从而形成激发、维持参与运动行为的动力因素。动机具有两个维度：一是"方向"，即人为什么要做某件事；二是"强度"，即人为了达到某一目标正在付出多大的努力。

在篮球运动训练中，运动动机发挥着非常重要的功能，具体表现为激发功能、导向功能、调节功能和维持功能。

（二）篮球运动员动机的培养与激发

篮球运动员参加篮球训练和比赛的内部动力主要是运动动机，在内部动力的驱使下，运动员坚持参加运动训练与比赛。所以，对运动员的运动动机进行培养，并有效激发运动动机，对促进篮球运动训练效果和比赛成绩的提高具有重要意义。

培养动机的过程也是运动员从没有运动动机到运动动机逐渐形成的过程，激发动机指的是充分调动运动员已经形成的运动动机。激发的前提是培养，激发可以使已有的活动进一步加强。在培养与激发篮球运动员的运动动机时，主要策略如下。

1. 满足篮球运动员的合理需要

有效培养和激发篮球运动员运动动机的关键在于满足运动员的合理需要。一般来说，篮球运动员的需要主要包括以下3个方面。

①从属于一个集体的需要。

②接受刺激、追求乐趣的需要。

③展示才能和实现自我价值的需要。

如果篮球训练过程与运动员渴望的情感体验相符，那么训练的过程中就能对运动员的运动动机进行培养，或激发出其运动动机。

2. 提高运动员的成就动机

成就动机是一种社会性动机，比较高级，指的是运动员积极从事自认为有价值的活动，并力求完美、取得优异成绩的心理倾向。通过一定的手段可以提高运动员的成就动机，常见手段如下。

第一，教练员主动与运动员谈话，相互讨论，使运动员对自我行为产生"意识化"，从而提高其对篮球训练的成就动机。

第二，向运动员传授有关成就动机的运动目标、心理定向、成功标准等，使其理解这些观念，并在大脑中将其概念化。

第三，教练员在训练中安排一些游戏、竞赛或其他相关活动，使运动员对行为策略与成败的关系、成败对情感体验的影响有深刻的认识，从而使其对成功或失败的体验更加深刻。

第四，通过"自我参照"，让运动员关注自己练习的水平，使其有信心实现个人目标。

有的运动员成就动机比较强，针对这些运动员，在训练中可提高要求和标准，提高目标水平，使他们的潜能得到进一步的开发。教练员要多鼓励成就动机低的运动员，使其能够向往成功。

3. 合理运用强化手段

当篮球运动员形成运动动机时，教练员及时给予奖励或将消极刺激撤销的过程就是强化。要从外部刺激运动员的动机，就要采用正确的强化手段。合理运用强化手段，不但能够将篮球运动员的外部动机激发出来，还能更好地培养其内部动机。如果强化手段运用不当，则可能同时将内部动机、外部动机破坏。

强化有积极强化和消极强化，前者以奖励为主，如物质奖励、精神奖励。后者是撤除消极刺激，然后给予鼓励。在篮球运动训练中，教练员对强化手段的合理运用有助于对篮球运动员的运动动机进行有效的培养与充分的激发。

4. 帮助运动员树立恰当的目标

目标在运动员的动机系统中是比较稳定、持久的组成部分。动机的方向和强度直接受目标设置合理性的影响。目标设置正确、有效，则能使运动员集中能量向目标努力。在篮球运动训练中，教练员应帮助运动员树立与实际相符的训练目标，使运动员的训练目的和任务更加明确。

设立目标包括设立长期目标和近期目标。设立长期目标，可以鞭策运动员不断努力、上进。设立近期目标，可以督促运动员立足实际，不断提高自己的技能水平，最终向长期目标努力。教练员一定要从运动员的现有水平出发来合理制定目标，要让运动员完全接受和认同目标，而且目标是运动员经过努力可以实现的、切合实际的。如果目标太简单，就会降低运动员的运动动机。相反，如果目标太高，就无法发挥诱因的作用，也无法激发运动员的动机。目标越明确越好，这样运动员就会有更加清晰的努力方向，并形成越发强烈的训练动机。

5. 向运动员提供积极反馈

在篮球运动训练中，让运动员及时获得反馈信息，对自己的技术水平、体能情况有清楚的了解，有利于将其参与训练与比赛的动机进一步激发出来。

篮球教练员对训练结果的积极反馈，有利于使篮球运动员的运动动机进一步得到强化。积极的反馈可以增强运动员的自信心，使运动员参加训练的积极性增加，不断努力，取得更大的进步。及时的反馈也能使运动员清楚自己的问题，主动克服，完善自我。

在篮球运动训练中，客观性评价、象征性评价、社会性评价和标准性评价等都是常见的反馈形式。运用反馈原理对运动员的运动动机进行激发和强化时，要坚持从实际出发的原则，重点进行鼓励性评价，激励运动员训练的积极性。

四、篮球运动员注意力与情绪控制

（一）集中注意力的训练方法

1. 排除消极干扰

外来事件或内在消极想法对处于比赛期间的运动员来说是很大的干扰，这会对其临场发挥造成影响。对此，运动员应利用自我暗示的方法暂时搁置这些事件或想法，集中注意力比赛。在训练时，运动员可以先在纸上记录外在事件或消极想法，然后放到一边，结束训练后再处理，在比赛中采用这种方式可取得良好的效果。

2. 想象将"失败"转变为"成功"

篮球运动员在出现失误后往往很难再继续集中注意力去比赛，对此，应在日常训练中采用认知转变的训练方法,训练运动员将失败转变为成功。出现失误时,随即想象成功动作,不要总是记挂自己的失误,以免影响往后的动作表现。

3. 自我谈话

对篮球运动员来说,积极的自我谈话是帮助其集中注意力、保持积极心态的重要方法。积极自我谈话的步骤如下。

①用积极暗示语取代消极想法。内心集中注意,调整唤醒水平。

②将注意力集中到和任务相关的信息上。

③当出现了注意控制的感觉后,果断实施技术。

(二)篮球运动中情绪控制的方法

1. 篮球运动中的情绪

(1)焦虑

焦虑是一种与身体激活或唤醒相联系的消极的情绪状态,主要表现为神经紧张、担心、忧惧等。

(2)心理唤醒

心理唤醒是指个体对自己身心激活状态的一种主观体验与认知评价。

心理唤醒与焦虑的区别在于,后者主要是一种消极情绪状态,而前者既可能是消极情绪状态,也可能是积极情绪状态。心理唤醒强度——方向模型认为(如图4-5-1所示),心理唤醒包括两个维度:一个是强度,另一个是方向,这一概念模型能够将焦虑与心理唤醒很好地区分开来。

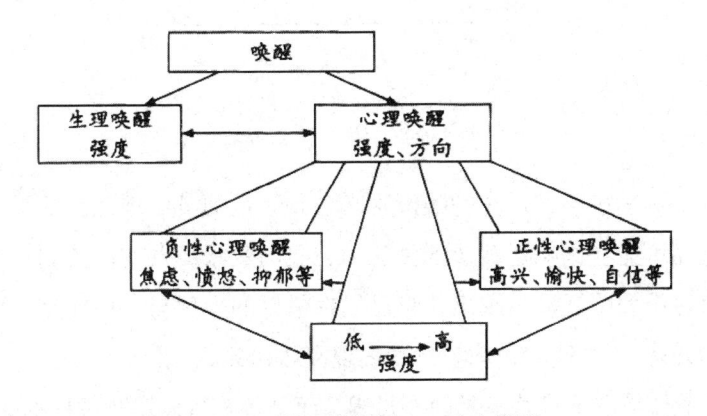

图4-5-1 心理唤醒强度——方向模型

（3）心境

心境是一种比较微弱，但持续时间较长，且具有一定渲染力的情绪状态。

（4）流畅状态

流畅状态是一种最佳的体验状态，即运动员全身心投入一项任务中，并创造出发挥最佳运动水平的意识状态，最佳表现、最佳体验、高峰体验都是流畅状态最为常见的标签。

2.情绪与篮球运动表现的关系

关于情绪与运动表现的关系，主要有以下两个相关理论。

（1）唤醒与运动表现理论（倒"U"形假说）

倒"U"形假说（图4-5-2所示）是最早用于解释唤醒与运动表现的理论，该理论的主要观点是，当个体唤醒水平较低时，其操作表现较差，随着唤醒水平的提高，其操作表现逐渐提高，直到最佳操作表现。此时，如果唤醒水平继续升高，那么其操作表现则是不升反降，随着唤醒水平的继续升高，其操作表现则会变得更差，直到最差表现。

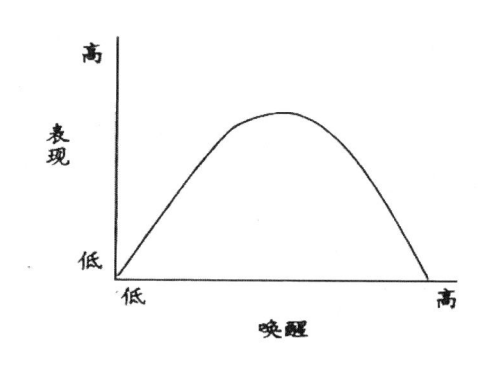

图4-5-2 倒"U"形假说

唤醒水平不宜过高，过高的唤醒水平会导致运动员生理性激活过于强烈，生理性激活过高可能会影响运动员的注意力、肌肉紧张度及动作控制；唤醒水平也不宜过低，过低表明运动员缺乏让自己发挥最好的生理与心理能量，也就是我们常说的"不兴奋"，这些问题均与运动表现密切相关。

此外，最佳唤醒水平并不是静态过程，而是随着篮球竞赛过程的变化而变化，比赛开始初期、中期、后期等不同阶段，最佳的唤醒水平都不一样。篮球运动员在做身体对抗、发动快攻、传球、抢篮板、突破、投篮以及罚篮时，都会面临不同水平的唤醒要求，这需要依据场上形势不断调整。

尽管倒"U"形假说认为，只有中等的唤醒水平最有利于运动表现。但是，后期研究者陆续发现每个运动员的最佳唤醒水平并不一样。例如，NBA中的一些运动员则更依赖于稍微低点的唤醒水平，这与个体的风格有关。因此，篮球运动员要选择适应自己风格的唤醒水平。

（2）突变理论

有研究者对情绪与运动表现关系提出了一个较为复杂的模型——突变模型，也有研究者称为突变理论（如图4-5-3所示）。运动员在比赛的关键时刻，由于压力的增加所发生的运动表现失常，这对于运动员而言是一种灾难。突变理论用一个较为复杂的模型解释了认知焦虑与生理唤醒对运动表现的影响，其中，认知焦虑对运动表现的影响是决定性的。具体观点为，当认知焦虑水平较低时，运动表现与生理唤醒的关系类似于倒"U"形曲线；当认知焦虑逐渐升高并达到一定水平时，生理唤醒与运动表现的关系变得极为复杂，且难以预测，运动表现会出现陡然下降。

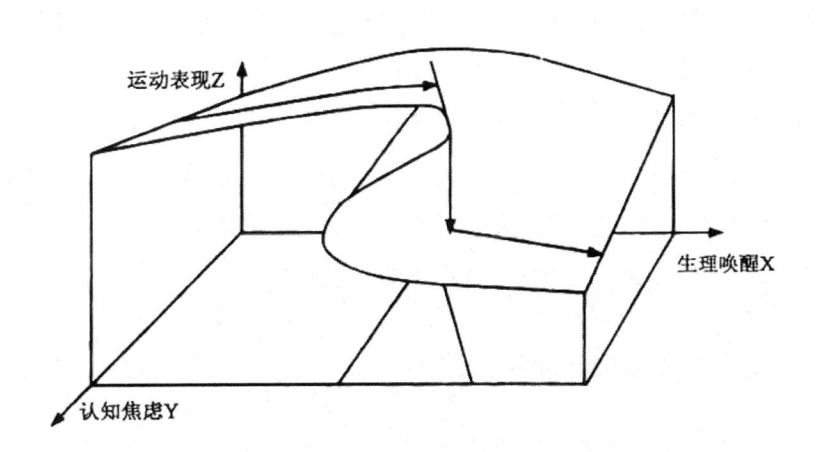

图4-5-3 突变理论

3.篮球运动员控制情绪的方法

（1）放松训练

篮球运动员参加大赛时出现紧张、焦虑情绪是正常的，关键是要学会放松。

放松训练是以一定的暗示语使注意力集中,调节呼吸,使肌肉得到放松,并产生一系列生理性变化,从而使自己内心达到宁静状态的方法。放松训练的方法有很多种,如呼吸放松、渐进放松训练、自我引导放松、自身放松训练、音乐放松等。无论选择哪种放松训练法,都需要遵循环境安静舒适、积极主动参与、保持专注等要求。

（2）认知控制技术

①关注可控因素。

通常情况下,运动员更多地关注比赛的不可控因素,不可控性越高,运动员产生焦虑的可能性就越大。教练员可以引导运动员列出影响篮球竞赛表现的主要因素,并要求运动员对每种因素的可控程度进行评分。通过对影响因素的可控性进行评价,运动员可以找出哪些是可控的因素,哪些是不可控的因素。教练员要引导运动员将注意力集中在可控的因素上。

②正确看待成败。

归因理论区分了两类情绪:结果依赖情绪与归因依赖情绪。结果依赖情绪是与结果本身相联系的情绪,它是对成就情景的一种自然反应,如胜利后的喜悦,失败后的沮丧;归因依赖情绪则与认知到的结果的原因相联系。因此,在篮球运动心理训练中,教练员可以通过合理的归因方式来对篮球运动员的情绪进行调控。

（3）培养自信

目标设置是帮助运动员建立成就经验的一种有效方法。教练员用言语鼓励运动员,运动员也可以自己给自己言语暗示,即进行自我谈话。言语是教练员执教艺术的体现形式,不同执教风格的教练员在言语上存在较大差异。然而,无论何种执教风格的教练员都不能忽视对运动员的言语鼓励。

五、篮球运动员意志品质的培养

（一）意志品质对篮球运动的影响

现代篮球运动的对抗性日趋激烈,运动员不但要有良好的体能素质和技战术水平,更需要有良好的意志品质,以便在复杂、困难的情况下与对手顽强抗争。篮球比赛中每个技术和战术的完成都是意志品质、身体素质、技战术的综合体现。

意志品质的作用还表现在比赛中暂时失利或被动情况下遇强而不惧，失分而不馁。一支球队只有技战术是不行的，要有良好的意志品质做保证，才能战胜实力相当或更强的对手。

（二）篮球运动员意志品质的培养方法

1. 胜利鼓励法

胜利鼓励法是通过一系列手段让运动员不断取得比赛的胜利，并得到他人的认可，以使运动员获得自信、坚定信念的一种方法。

在篮球训练中，一些运动员因各种原因而自卑、畏缩，害怕挫折，缺乏信心，因而无法尝试胜利的喜悦，形成恶性循环，最后产生严重的心理问题。教练员应采用胜利鼓励法对这样的运动员进行正确的引导，帮助运动员树立信心，摆脱不良心理。

2. 挫折挑战法

挫折挑战法就是让运动员在其心理能够承受的前提下，经受一些挫折和失败，从而增强他们抗挫折能力和心理调节平衡能力的一种方法。现在的运动员受环境的影响，难免有时有些经不起失败。教练员对这些运动员要采用挫折挑战法来培养他们的意志品质，使他们充分认识到万事都不是一帆风顺的，要摆正自己的位置，尊重他人，虚心学习，弥补不足。

3. 自我强化法

意志的磨炼需要运动员的自我努力。在日常篮球运动训练中，教练员要引导运动员使用自我鼓励、自我监督、自我说服、自我评价等方法，发挥自己的主观能动性，逐渐完善自己的意志品质。

在篮球训练中，要从实际出发培养运动员的意志品质，对胆小的运动员重点培养顽强性，对有依赖性的运动员侧重培养自主性，对优柔寡断的运动员重点培养果断性，对冲动的运动员重点培养自制性，帮助运动员摆脱心理缺陷，完善意志品质。

第五章　高校篮球运动教学与训练的科学开展

本章内容为高校篮球运动教学与训练的科学开展，阐述了高校篮球运动竞赛规则的学习、高校篮球运动开展的安全保障、高校篮球运动的营养保健。

第一节　高校篮球运动竞赛规则的学习

一、比赛通则

（一）比赛时间、比分相等和决胜期

①比赛应由 4 节组成，每节 10 分钟。

②在预定的比赛开始之前，应有 20 分钟的比赛休息期间。

③在第 1 节和第 2 节（上半时）之间，第 3 节和第 4 节（下半时）之间，以及每一决胜期之前，应有两分钟的比赛休息期间。

④两个半时之间的比赛休息时间应是 15 分钟。

⑤一次比赛休息期间开始于：预定的比赛开始之前 20 分钟；结束一节的比赛计时钟信号响时。

⑥一次比赛休息期间结束于：第 1 节开始，在跳球抛球中，当球离开主裁判员的手时；所有其他节的开始，当掷球入界队员可处理球时。

⑦如果在第 4 节比赛时间结束时比分相等，比赛有必要再继续一个或几个 5 分钟的决胜期来打破平局。

⑧如果结束比赛时间的比赛计时钟信号响时，或恰好之前发生了犯规，在比赛时间结束之后应执行最后的罚球。

⑨如果作为此罚球的结果需要一个决胜期,那么在比赛时间结束后发生的所有犯规应被视为在比赛休息期间发生的,在决胜期开始之前应执行罚球。

(二)比赛或节的开始和结束

①在跳球抛球中,当球离开主裁判员的手时第 1 节开始。

②所有其他节比赛,当掷球入界队员可处理球时,该节开始。

③如果某一队在比赛场地上准备比赛的队员不足 5 名,比赛不能开始。

④对所有的比赛,在秩序册中队名列前的队(主队或"A 队")应拥有记录台(面对比赛场地)左侧的球队席和本方球篮。然而,如果两队同意,他们可互换球队席和(或)球篮。

⑤在第 1 节和第 3 节前,球队有权在对方的球篮所在的半场做赛前准备活动。

⑥球队下半时应交换球篮。

⑦在所有的决胜期中,球队应继续进攻与第 4 节比赛方向相同的球篮。

⑧当结束比赛时间的比赛计时钟信号响时,一节、决胜期或比赛应结束。当篮板四周装有光带时,光带信号应优先于比赛计时钟信号。

(三)球的状态

①球可以是活球或死球。

②球成活球,当:

跳球中,球离开主裁判员抛球的手时;

罚球中,罚球队员可处理球时;

掷球入界中,掷球入界队员可处理球时。

③球成死球,当:

任何投篮或罚球中篮时;

活球中,裁判员鸣哨时;

在一次罚球中球明显不会进入球篮,且该次罚球后接着有另一次或多次罚球时;进一步的罚则(罚球和/或掷球入界)时;

比赛计时钟信号响以结束每节时;

某队控制球进攻计时钟信号响时;

投篮中飞行的球在下述情况后被任一队的队员触及时:裁判员鸣哨;比赛计

时钟信号响以结束每节；进攻计时钟信号响。

④不成死球情况，当：

投篮的球在飞行中，并且出现下述情况时：裁判员鸣哨；比赛计时钟信号响以结束每节；进攻计时钟信号响；

罚球的球在飞行中，并且裁判员因除罚球队员之外的任何规则违犯而鸣哨时；对方队员在做投篮动作并控制着球时，一名队员对任何对方队员犯规，并且他以连续运动完成犯规发生前已开始的投篮时。

⑤球不成死球，如中篮计得分。当：

在裁判员鸣哨后做了一个全新的投篮动作；

一名队员在做连续的投篮动作中，结束一节的比赛。计时钟信号响起或进攻计时钟信号响起。此规定不适用，并且如中篮不计得分。

（四）队员和裁判员的位置

①一名队员的位置由他正接触着的地面所确定。当队员跳起在空中时，他保持与他最后接触地面时所拥有的相同位置。这包括界线、中线、3分线、罚球线、标定限制区的各线和标定无撞人半圆区的各线。

②一名裁判员位置的确定与一名队员位置的确定相同。当球触及裁判员时，如同触及裁判员所位于的地面一样。

（五）跳球和交替拥有

1.跳球

（1）跳球定义

①在第1节开始时，一名裁判员在中圈、在任意两名互为对方的队员之间将球抛起，一次跳球发生。

②当双方球队各有一名或多名队员有一手或两手紧握在球上，以至不采用粗野动作任一队员就不能获得控制球时，一次争球发生。

（2）跳球程序

①每一名跳球队员的双脚应站立在靠近该队本方球篮的中圈半圆内，一脚靠近中线。

②如果一名对方队员要求占据其中一个位置，同队队员不得围绕圆圈占据相邻的位置。

③裁判员应在两名互为对方的队员之间将球向上（垂直地）抛起，其高度超过任一队员跳起能达到的高度。

④在球到达它的最高点后，必须被至少一名跳球队员用手拍击。

⑤在球被合法地拍击前，任一跳球队员都不应离开他的位置。

⑥在球触及非跳球队员或地面前，任一跳球队员都不得抓住球或拍击球超过两次。

⑦如果球未被至少一名跳球队员拍击，则应重新跳球。

⑧在球被拍击前，非跳球队员的身体部分不得在圆圈上或圆圈（圆柱体）上方。

违反第①、④、⑤、⑥和⑧是违例。

（3）跳球情况

一次跳球情况发生，当：

①宣判了一次争球时。

②球出界，但是裁判员无法判定谁是最后触及球的队员或意见不一致时。

③在最后一次或仅有一次不成功的罚球中，双方队员发生违例时。

④一个活球夹在篮圈和篮板之间时（罚球之间和最后一次或仅有一次罚球之后还有记录台对侧的中线延长线掷球入界除外）。

⑤任一队既没有控制球又没有球权，球成死球时。

⑥在抵消了双方球队的相等罚则后，没有留下其他要执行的犯规罚则，以及在第一次犯规或违例之前，任一队既没有控制球也没有球权时。

⑦除第1节外，所有节将开始时。

2. 交替拥有

（1）交替拥有定义

①交替拥有是以掷球入界而不是以跳球来使球成活球的一种方法。

②交替拥有掷球入界：

开始于：掷球入界队员可处理球时。

结束于：球触及场上队员或被场上队员合法触及时；掷球入界发生违例时；掷球入界中活球夹在篮圈和篮板之间时。

（2）交替拥有程序

①在所有跳球情况中，双方球队将交替拥有在最靠近发生跳球情况的地点的掷球入界权。

②在跳球后未在场上获得控制活球的球队应拥有第一次交替拥有球权。

③在任一节结束时，拥有下一次交替拥有球权的队应在记录台对侧的中线延长线以掷球入界开始下一节，除非有进一步的罚球和球权罚则要执行。

④应由指向对方球篮的交替拥有箭头来指明对交替拥有掷球入界有权的队。当交替拥有掷球入界结束时，交替拥有箭头的方向立即反转。

⑤某队在它的交替拥有掷球入界中违例，使该队失掉交替拥有掷球入界，交替拥有箭头应立即反转，指明违例队的对方在下一次跳球情况中对交替拥有掷球入界有权。于是将球判给违例队的对方在最初的掷球入界地点掷球入界继续比赛。

⑥在除第1节之外的其他每节开始前，或交替拥有掷球入界中，任一球队犯规不使掷球入界队失掉交替拥有掷球入界。

二、犯规

（一）侵人犯规

1. 定义

侵人犯规，是指无论在活球或死球的情况下，攻守双方队员发生的非法身体接触的犯规。

队员不应通过伸展手、臂、肘、肩、髋、腿、膝、脚或将身体弯曲成"不正常的姿势"（超出他的圆柱体）去拉、阻挡、推、撞、绊对方队员，或阻止对方队员行进；也不得放纵任何粗野或猛烈的动作去这样做。

2. 罚则

应登记犯规队员一次侵人犯规。

（1）如果对没有做投篮动作的队员发生犯规

①由非犯规的队在最靠近犯规的地点掷球入界重新开始比赛。

②如果犯规的队处于全队犯规处罚状态，则应运用全队犯规处罚的规定。

（2）如果对正在做投篮动作的队员发生犯规，应按下列所述判给投篮队员若干罚球

①如果出手投篮成功：应计得分并追加1次罚球。

②如果从2分投篮区域的出手投篮不成功：2次罚球。

③如果从3分投篮区域的出手投篮不成功：3次罚球。

在结束一节的比赛计时钟信号响时或恰好响之前，或当进攻计时钟信号响时或恰好响之前，投篮队员被犯规了，此时球仍在该队员的手中，并且随后投篮成功：中篮不应计得分，应判给2或3次罚球。

（二）双方犯规

1. 定义

双方犯规，是指两名互为对方的队员大约同时相互发生侵人犯规的情况。

2. 罚则

应给每一犯规队员登记一次侵人犯规，不判给罚球，比赛应按下列所述重新开始。在发生双方犯规的大约同一时间，如果：

①投篮得分，或最后一次或仅有一次的罚球得分，应将球判给非得分队从端线的任何地点掷球入界。

②某队已控制球或拥有球权，应将球判给该队在最靠近违犯的地点掷球入界。

③任一队都没有控制球也没有球权，应判跳球。

（三）技术犯规

1. 定义

第一，技术犯规是没有身体接触的犯规，行为种类包括但不限于以下几种。

①无视裁判员的警告。

②无礼地触碰裁判员、技术代表、记录台人员或球队席人员。

③与裁判员、技术代表、记录台人员或对方队员交流中没有礼貌。

④使用很可能冒犯或煽动观众的粗话或手势。

⑤戏弄对方队员或在他的眼睛附近摇手妨碍其视觉。

⑥过分挥肘。

⑦在球穿过球篮之后故意地触及球或阻碍迅速地掷球入界以延误比赛。

⑧跌倒以"伪造"一次犯规。

⑨悬吊在篮圈上，致使队员的重量由篮圈支撑，除非扣篮后，队员瞬间抓住篮圈，或者根据裁判员的判断，他正试图防止自己受伤或另一名队员受伤。

⑩在最后一次或仅有一次的罚球中防守队员干涉得分，应判给进攻队得1分，随后执行登记在该防守队员名下的技术犯规罚则。

第二，球队席人员的技术犯规是与裁判员、技术代表、记录台人员或对方队员交流中没有礼貌或无礼地触碰他们的犯规；或是一次程序上的或管理性质的违犯。

第三，当一名队员被登记两次技术犯规时，剩下的比赛他应该被取消比赛资格。

第四，当出现下述情况时，教练员在剩下的比赛中应被取消比赛资格。

①由于自身违反体育道德行为的结果而被登记了两次技术犯规（"C"）时。

②由于其他球队席人员的违反体育道德行为而被累计登记了3次技术犯规（3次全部登记为"B"，或者其中一次是"C"）时。

第五，如果一名队员或教练员在第三点或第四点所述的情况下被取消比赛资格，应只采用技术犯规的罚则，不追加取消比赛资格的罚则。

2. 行为规定

①比赛的正当行为要求双方球队的成员（队员和球队席人员）与裁判员、记录台人员以及技术代表（如到场）有完美和真诚的合作。

②每支球队应尽最大的努力去获取胜利，但胜利的取得必须符合体育道德精神和公正竞赛的要求。

③任何故意或再三地不合作，或不遵守本规则的精神，应被认为是一次技术犯规。

④裁判员可以通过警告甚至宽容那些明显是无意的并不直接影响比赛的、轻微的违纪来预防技术犯规的发生，除非在警告后又重复出现同样的违犯。

⑤如果在球成活球后发生了一起技术违犯，比赛应停止并登记一次技术犯规。

应将技术犯规视同发生在它被登记的时候一样来执行罚则。在违犯与比赛停止之间的间隔内无论发生了什么都应保持有效。

第二节 高校篮球运动开展的安全保障

一、篮球运动损伤的预防

造成运动损伤的原因是多方面的，预防措施也必须是综合性的。采取切实有效的综合措施，努力消除各种致伤因素，才能达到预防为主、防患于未然的目的。下面从八个方面谈谈预防的方法。

（一）准备活动要科学

准备活动要充分，有针对性，既要做一般准备活动，也要做专项准备活动。准备活动的最后部分内容，应与即将进行的运动紧密联系。对运动中负担较大和易伤的部位，要特别做好准备活动。在运动间歇时间较长时，也应在运动前再次做好准备活动。准备活动的内容与量应依训练内容、比赛情况、个人机体状况、气象条件等而定。

机体兴奋性较低时，或气温较低、肌肉韧带较僵硬时，准备活动要充分些。有伤的部位，准备活动要小心谨慎。

准备活动结束与正式运动的间隔，以1～4分钟为宜，准备活动的时间与量，以20分钟左右，或身体觉得发热、微微出汗为好。在准备活动中，要注意力集中，动作认真。

（二）思想重视

体育锻炼的目的是促进身体的生长和发育，增强体质，提高健康水平。体育运动参加者要明确体育运动的目的，在思想上重视对运动损伤的预防和懂得如何进行预防。

（三）不在疲劳状态下大运动量训练

运动量、运动强度和动作难度必须与身体状况和训练水平相适应。要遵守循序渐进和区别对待的原则。学习动作时，要从简到繁、由易到难、从分解动作到完整动作。

合理安排运动量，尤其要注意局部负担量和伤后的体育锻炼问题。教练员要注意大运动量训练后，及时观察运动员的训练反应，发现有疲劳状态产生时，要及时调整量和强度的安排，以防损伤的出现。

（四）易伤部位需加强训练

有针对性地加强易伤和相对较薄弱部位的肌肉力量和伸展性练习，提高它们的功能，是积极预防运动损伤的一种有效手段。例如预防膝关节损伤，必须加强大腿肌肉力量的训练，不仅注意股四头肌，也要注意大腿后面的肌群，它们对增强膝关节的稳定性和保护膝关节有重要作用。

在发展肌肉力量的同时，要注意发展肌肉的伸展性，这可防止肌肉拉伤。而预防关节扭伤，要增强关节周围的肌肉和韧带，以加强关节的稳定性。

（五）加强保护和自我保护

运动员要学会自我保护的方法，防止损伤的出现。例如，当重心不稳而快摔倒的一瞬间，要立即低头、屈肘、团身，以肩背部着地，顺势滚翻，绝不可用手直臂撑地，以免发生腕部或前臂骨及肘关节的脱位等。

在进行力量器械练习时，应有懂得保护方法的人或教练员在旁进行保护，以防意外事故的发生。

（六）进行医务监督，使用安全合适的设备

经常参加体育运动的人要定期进行详细的体格检查。在参加大型比赛的前后，还要进行补充检查和复查，以便根据体育锻炼者的身体功能状况，提出合理的建议。伤病初愈的人参加体育锻炼时，应根据医生的意见进行。

在进行体育运动的过程中要做好自我监督，随时注意自己的身体有无疲劳征象（如头晕、疲乏感等），特别要注意运动器官的局部反应（如局部肌肉有无酸痛、僵硬，关节有无疼痛等）。当有不良反应时，要及时调整运动量。

要经常认真地对运动场地设备进行安全检查，不应在不合要求的场地上或穿着不合适的服装及鞋子进行运动。

（七）及时治疗运动损伤

许多运动员在出现轻度运动损伤后仍照常训练，以致出现新的损伤，或形成劳损。当然，损伤不严重的时候，是可以坚持训练的，但要注意积极配合治疗，边治边练。可以做一些理疗，也可以通过按摩的方法进行治疗。同时，在伤后的训练过程中，应运用支持带和护膝为保护装置，这样可以减轻受伤所承受的负担。

（八）严格裁判，禁止粗野动作

任何违反规则的粗暴行为都会增加损伤发生的概率。因此，裁判员要严格遵守篮球裁判规则，同时在球场上运动员应该自觉遵守篮球运动规则，在正确的规则下避免伤害的发生。

二、篮球运动常见损伤的处理方法

（一）膝关节半月板损伤

原因与症状：在膝关节屈伸过程中若同时伴有膝关节的扭转内外翻动作时，半月板本身就出现不一致的矛盾活动，使半月板在股骨髁与胫骨平台之间发生剧烈研磨，容易造成损伤。体育运动中，当膝关节屈曲，小腿固定于外展、外旋位，大腿突然内收、内旋并伸直膝关节时，就可能引起内侧半月板损伤。此外，膝关节突然猛力伸及腘肌腱的前后割裂，可引起半月板前角损伤或半月板边缘分离。半月板损伤表现为压迫性疼痛。可动区域受到限制，膝关节不能伸屈等。

处理方法：急性以制动、消肿止痛的冷敷方法为主，严重者要加压包扎2~3周的时间；慢性的，严格避免重复受伤动作，以免再次受伤。

（二）膝关节内侧副韧带损伤

原因与症状：膝关节是由股骨、胫骨及髌骨构成，它部位较浅，是人体中结构最复杂、关节面最大、杠杆作用最强、负重大、不稳定、易受伤的关节。几乎所有的体育运动，都会给膝关节造成很大的压力。从膝关节的构造机制上看，韧带发生损伤的时候是非常多的。膝关节做伸展动作时不论从外侧或者内侧都容易受到外来的压力。膝关节侧方的韧带称为胫侧副韧带，特别是内侧胫侧副韧带最容易发生扭伤及完全性断裂。膝关节的损伤完全是由外力所引起的。膝关节在承受外力时，支撑髋关节的韧带发生异常的活动而产生挫伤。伤后膝内侧剧痛，随即又可减轻，随后疼痛又逐渐加重。出现皮下淤血，如深层断裂或合并半月板或十字韧带损伤，膝关节出现血肿，局部压痛。

处理方法：伤后应立即用氯乙烷或冰袋局部冰敷，而后用棉花夹板包扎固定，或用海绵、棉花和绷卷作加压包扎，并抬高伤肢以减少出血、肿胀。

（三）大腿肌肉拉伤

原因与症状：肌肉拉伤是由于过多地使用肌肉及给予了肌肉超负荷的压力所造成的损伤。肌肉拉伤按其受伤程度不同分为连接在肌肉上的多数肌纤维由于过度伸展被拉伤（轻度）、一部分发生断裂（中度）、完全断裂和筋断裂（重度）。大腿肌肉在做跑、跳等急性动作时最易拉伤。症状轻者，停止运动后不疼痛，如果继续运动将会加重症状。严重时走路都会很困难，甚至出现皮下瘀斑，大腿迅速肿胀，肌肉出现收缩肌形。

处理方法：肌肉微细损伤或伴有少量肌纤维撕裂者，伤后应迅速给予冷敷，局部加压包扎，休息时应抬高患肢。24～48小时后可开始理疗和按摩，按摩时手法宜轻柔，伤部仅能做些轻推摩，伤部周围可做揉、捏、搓等，同时配合点压穴位（宜取伤周穴位）。如肌肉大部分或完全断裂者，在局部加压包扎并适当固定患肢后，应马上送往医院诊治。

（四）肘关节骨折

原因与症状：肘关节的骨折是在牵拉手臂、肘被扭曲摔倒、受到直接撞击时发生的。手被拉伸摔倒时肱骨也会发生骨折。前臂及腕关节的骨头也会发生像骨折一样的损伤。肘关节骨折会出现瘀血、肿胀、肌肉痉挛、关节活动异常等症状。

处理方法：止血、绑缚绷带。如很严重应立即送往医院进行手术。

（五）腕关节的骨折

原因与症状：引起外伤性骨折的暴力，按其作用的性质和方式，可分为直接、传达、牵拉和积累性暴力4种。腕关节的骨折是指桡骨和尺骨下端的骨折，发生的机制同腕关节的受伤有共同点，是摔倒时掌心触地引起的。腕关节骨折会出现关节活动异常、疼痛、损伤、皮下淤血、肿胀、肌肉痉挛、畸形等症状。

处理方法：不要轻易挪动躯体或四肢，如果出血则先止血，打 120 急救电话立即送往医院。

第三节 高校篮球运动的营养保健

篮球训练是一项强调对抗的大球运动，在比赛中运动员之间的身体碰撞较多，因此也常出现运动性伤病的风险。另外，篮球训练对运动员的体能要求较高，进而就需要运动员在篮球训练前后做好营养的补充、疲劳的恢复工作以及训练中的损伤与防治，如此才能更好地参加篮球训练。

一、篮球训练的营养补充

（一）科学营养

1. 营养概述

营养是一种系统全面的生理过程，这个过程从人体摄取外界食物开始，经过消化、吸收和代谢，最后利用食物中对身体健康有益的物质来维持生命活动。

营养素是指人类为维持生命活动而摄取的外界食物中的养分。营养素是人类维持生命活动、促进健康发展的最根本物质。如果未均衡吸收营养素，就会对人体健康水平与活动能力造成不良影响。人体需要补充的营养素有 6 大类，分别是水、糖类、脂肪、蛋白质、矿物质和维生素。

（1）水

水是人类维持生存的重要营养素，人类离开水将无法生存。人体内含量最多的成分就是水，水约占成人体重的 2/3。如果人体内缺水，就会影响正常的生理功能。水的营养功能主要体现在以下 3 个方面。

①水能够使腺体分泌保持正常。
②水参与人体正常的代谢过程。
③水能够调整并维持正常的体温。

人体所需水的主要来源是饮料和食物。通常，成人每天需要补充的水分是

2 000～2 500毫升，运动员在高校篮球运动中补充水分的量具体要以年龄、气候和运动强度等情况为依据。

（2）糖类

糖类还被称为碳水化合物，碳、氢、氧是糖类的主要构成成分。根据糖类分子结构的差异性划分，可以将糖类分为单糖、双糖和多糖三大类。单糖包含半乳糖和葡萄糖；双糖包含蔗糖、麦芽糖和乳糖；多糖包含纤维素、淀粉、糖原和果胶。糖类的营养功能主要体现在以下3个方面。

①糖类提供机体所需的能量，维持机体正常的生理活动。

②糖类有利于有效吸收和利用蛋白质。

③糖类能够构成细胞和神经，具有重要的作用。

米、面、谷类、马铃薯、水果、甜食、牛奶、糖果、蔗糖、蜂蜜等日常主食、蔬果、饮料和甜品中含有大量的糖类，这些糖成分能够满足人体正常的生理功能需要。

（3）脂肪

组成脂肪的几种主要元素是碳、氢和氧，作为人体重要的组成成分，脂肪在人体内具有举足轻重的作用。脂肪的营养功能主要表现在以下3个方面。

①脂肪是构成人体组织细胞的重要成分。

②脂肪包围在人体器官周围充当脂肪垫，主要用来保护人体器官和神经，以免器官和神经受外伤。

③脂肪能够维持人体体温，并可以有效保护人体的内脏器官。

猪油、羊油、牛油、奶油及蛋黄等动物性食物是脂肪的主要来源。除此之外，大豆、芝麻、花生等植物性食物中也含有较多的脂肪。

（4）蛋白质

蛋白质是一切生命的基础，是构成细胞的主要成分。蛋白质的主要构成元素有氧、碳、氢和氮。根据食物蛋白质的营养价值划分，蛋白质可分为三大类，即完全蛋白质、不完全蛋白质和半完全蛋白质。蛋白质的营养功能主要表现为以下3个方面。

①蛋白质是构成和修补机体组织的重要物质，保证机体正常的生长发育。

②糖类和脂肪不能完全提供机体需要的能量时，蛋白质能够补充一定的热量。

③蛋白质可以构成抗体，抗体具有免疫作用，能够增强机体抵抗细菌和病毒的能力。

蛋类、豆制品、鱼、小麦、肉类、坚果、乳制品等食物是蛋白质的主要来源。一般来说，动物性蛋白质要比植物性蛋白质更优质。运动员的锻炼强度和年龄等因素影响蛋白质的摄入量。

（5）矿物质

矿物质也被称为无机盐，主要包括两大类：一类是含量较多的常量元素，包括钙、钠、磷、镁、氯、钾等；另一类是含量较少的微量元素，包括铁、锌、碘、铜、硒、镍、钼、氟、钴、铬、锰、硅、锡、钒等。矿物质的营养功能主要表现在以下3个方面。

①矿物质是构成机体组织的重要成分。

②矿物质能够保持机体内的酸碱平衡。

③矿物质有利于合成与利用机体内的其他营养物质。

奶和奶制品是矿物质中的钙的主要来源；动物内脏（特别是肝脏）、血液、鱼、肉类是铁的主要来源；动物性食物是锌的主要来源。

（6）维生素

维生素是维持机体健康所必需的营养素。维生素主要分为两大类：一类是脂溶性维生素，包括维生素A、维生素D、维生素E、维生素K等；另一类是水溶性维生素，包括维生素C族、维生素B族。维生素的营养功能主要表现在以下3个方面。

①维生素A的功能主要是健齿、健骨、润肤、助消化等。

②维生素B_1能够有效促进能量代谢及糖代谢生成ATP（三磷酸腺苷）。

③维生素C具有抗氧化、缓解疲劳、缓解肌肉酸疼等作用。

动物的肝脏、深绿色或深黄色的蔬菜、红色或黄色水果、蛋黄等是维生素A的主要来源；米、面、核桃、花生、芝麻和豆类等粗粮是维生素B的主要来源；水果、叶菜类、谷类等是维生素C的主要来源。

2. 营养需求

（1）水

一般情况下，当人体出现口渴时，就已经丢失了3%的水，这时机体处于轻度脱水的状态。机体脱水容易造成运动能力下降，所以要提前进行补水。运动员进行篮球运动主要分为以下 3 个阶段补水。

①训练前补水。

运动员要根据课程情况、气候和自身的情况进行运动前补水，这是很有必要的。训练前补水可以防止运动过程中发生脱水现象。一般认为运动员在进行篮球运动前 2 小时饮用 0.4～0.6 升的含电解质和糖的饮料，或篮球运动前补 0.4～0.7 升的水较为适宜。补水要遵循少量多次的原则。

②训练中补水。

运动员在篮球运动中的补水量要根据出汗量来确定，通常，运动中的补水总量不超过 0.8 升 / 秒。总补水量不超过总失水量的 50 %～70 %，如果运动员篮球运动时间不超过 1 小时，只需要补充纯水。

③训练后补水。

很多运动员在篮球运动中补水不足，因此在训练后的补水就显得很重要。训练后适宜补充含糖的饮料或水，有利于恢复血容量。训练后不能大量补水，补充大量水分会使出汗量和排尿量增加，从而加速丢失人体的电解质，对肾脏和肝脏造成重大负担，造成胃扩张，对呼吸不利。

（2）能量

运动员进行篮球运动要消耗大量能量，因此，运动员每日不仅要摄入满足正常生理发育的能量，而且要补充篮球运动中消耗的能量。篮球运动的负荷越大，就会消耗越多的能量，摄取的膳食能量也应随之增加。

身体素质训练是篮球运动必备的。通常运动员在进行身体素质训练中的耐力练习时消耗的能量较多，因此需要供给较多能量。运动员进行中等强度的耐力运动超过 30 分钟后，肌糖原消耗接近耗竭，但氧供应仍然充足，这时机体开始大量利用脂肪分解供能。因此，运动员进行篮球运动中的有氧耐力训练时，应吸收含有充足糖和脂肪的食物。

运动员在进行篮球运动期间，饮食中脂肪的供给要适量。过多食用脂肪会影响人体吸收蛋白质和铁等营养素，而且脂肪不易消化，会在胃内停留过长时间，从而影响运动。运动员参加篮球运动时，膳食中脂肪含量在 25 %～30 % 较为适宜。

糖是运动员在篮球运动中的主要能量来源，运动员的耐力与体内肌糖原水平是正相关关系。肌糖原水平低，运动员在篮球运动中易疲劳。因此，运动员要注意补充糖。

补糖的特点因篮球运动性质不同而不同。若运动员进行短时间、低强度的篮球运动，则不需要补糖；若进行超过80分钟、大强度的篮球运动，则需要补糖。运动前补糖的时间主要集中在15分钟前，两小时或两小时前；运动中补糖可以提高血糖水平，延缓运动中出现疲劳；运动后补糖可以促进糖原的恢复。

（3）蛋白质

运动员在篮球运动中需要补充的蛋白质量与下列因素有关。

①篮球运动的状态。运动员在大运动量的篮球运动初期，由于细胞损伤增加，因此要增加蛋白质补充量。

②篮球运动的类型、强度、频率。长时间剧烈的篮球运动非常考验耐力，会加强蛋白质代谢，从而要增加蛋白质补充量。

③热能短缺和糖原储备不足时，将增加蛋白质的补充量。

④运动员如果要减轻体重和控制体重，需要适当补充蛋白质营养密度高的食物。

运动员在进行篮球运动过程中，要注意保持蛋白质营养的"正平衡"状态，同时蛋白质的补充量要根据体育训练的不同类型而有所变化。运动员进行力量训练时，蛋白质供给量是每日总能量的15%～18%，力量训练时蛋白质的供给有利于强壮骨骼肌和增加肌肉力量。进行其他形式的练习时，蛋白质供给量一般是每日总能量的14%～16%。

（4）维生素

维生素的主要作用是维持和调节机体正常代谢。人体内无法合成或者不能充分合成大部分维生素，因此体内的维生素无法满足人体需要，因而需要通过食物摄取。运动员如果在日常饮食中缺乏维生素的补充，就会影响身体健康水平，出现维生素缺乏症。因此参加篮球运动的运动员要保证饮食中维生素的充分供应，以提高自身的运动能力。

（二）膳食平衡

1. 膳食平衡的原则

膳食平衡是指膳食中所包含的各种营养素和热量要比例适当、种类齐全，能够满足机体的各种运动所需的营养。如果运动者膳食补充不平衡，则会影响机体正常生理功能的发挥，严重者会引发相应的营养缺乏或是营养不足症状。膳食平衡原则应做到以下3点。

（1）全面性

全面性原则要求，在膳食方面各种营养素的摄取应全面。人体需要的营养素众多，包括蛋白质、脂类、碳水化合物、维生素、无机盐、水、纤维素等。这些营养素都对人体具有独特的作用，如果有所欠缺，则会影响人体的某项生理功能。因此，运动者的日常饮食一定要全面，避免食物的单一化和长期固定化。

（2）平衡性

平衡性是指各种营养素的供给应与人体之间形成相对的平衡，供应量既不能过剩也不能短缺。篮球运动训练的负荷量相对较大，因此应注重高能量食物的补充，对于女性而言，要更加注重铁的补充。在不同的季节和不同的训练强度下，应适当调整饮食。营养摄入过少，不能满足需要，可发生营养不良性疾病；摄入过多，既是浪费又对机体产生负担，产生营养过剩性疾病。

（3）适当性

适当性原则是指各营养素之间的搭配要适当。饮食之间进行合理搭配能够更好地促进人体营养素的吸收和利用。在日常饮食中，要注重蛋白质、脂肪和碳水化合物之间的搭配，荤素比例适当。膳食的适当性原则还要注重主副食品的搭配，并慎重服用营养保健品。

2.膳食平衡的具体要求

（1）各种营养素和热量摄入的平衡

营养专家认为，人们从膳食中摄取的各种营养素在一定时期内应保持在一定的标准范围内。中国营养学会制定了相应的营养素每日供给量标准，运动者应该根据其调整食物的搭配和供应。

糖类、蛋白质、脂肪均能给机体提供热量，故称为热量营养素。糖类、蛋白质、脂肪三者摄入量的合适比例为6.5∶1∶0.7。另外，运动者不仅要注重三大能源物质的供应，还要注重维生素、矿物质的补充。

（2）酸碱平衡

人体的各部分都会有相应的酸碱度，一般情况下人体各部分的pH值保持在相应的位置，如果饮食搭配不当，酸碱不平衡，会导致人体的酸碱失衡。篮球运动训练的负荷量相对较大，在运动之后人体可能会产生相应的酸性代谢物质，因此，在饮食中应该注重碱性食物的搭配。常见的酸性食品和碱性食品如下。

①酸性食品。

动物类：鸡肉、鲤鱼、猪肉、牛肉、干鱿鱼、鳗鱼、蛋黄。

植物类：大米、面粉、花生等。

②碱性食品。

蔬菜类：海带、菠菜、萝卜、南瓜、黄瓜、四季豆、藕等。

水果类：西瓜、香蕉、苹果、草莓等。

（三）膳食合理营养

1. 膳食的合理构成

中国营养学会根据平衡膳食的原则，提出的膳食构成如下。

（1）膳食应注重多样性，以谷类为主

谷类和薯类、动物性食物、豆类及其制品、蔬菜水果和纯热能量食物所含的营养成分不完全相同，因此，要注重食物的多样化。谷类食物的表皮中含有大量的维生素和矿物质，因此，为了防止这些食物表层营养物质的流失，要避免碾磨得过于精细。

（2）每天吃奶类、豆类或其制品

奶类和豆类食品除了含有较高的蛋白质和维生素之外，还含有丰富的钙含量，具有较高的利用效率。

（3）多吃蔬菜、水果和薯类

人体的各种维生素和矿物质的主要来源是蔬菜、水果和薯类，这些食物对心血管的健康以及人体抗病能力的增强都具有重要作用。

（4）经常吃适量的鱼、禽、蛋、瘦肉，少吃肥肉和荤油

鱼、禽、蛋、瘦肉等动物性食物是人体优质蛋白、脂肪、脂溶性维生素、B族维生素和矿物质的主要来源。但需要注意的是，肉类食物不宜摄入过多，否则可能造成人体的肥胖。

（5）吃清淡少盐的膳食

一般认为，每人每天的食盐摄入量不宜超过6克，这对于心血管功能的正常活动具有重要作用。吃了太咸、太油腻的食物会增加心血管疾病的发病率。

（6）食量与运动量的平衡，保持适宜体重

在篮球运动之后，人体对能量的需求会相对增加，如果能量供应不足，会造成人体的消瘦和抵抗力的下降；反之，则会造成人体的肥胖。因此，应保持食量和能量消耗的平衡。

2."4+1营养金字塔"

为了保证人们日常营养摄入的合理性，营养专家提出了"4+1营养金字塔"食物指南。

①第一层即底层是最重要的粮谷类食物，它在人们的日常饮食中所占的比重最大。一般成年人的每日粮豆类食物摄取量为400～500克，粮食与豆类之比为10：1。

②第二层是蔬菜和水果，在金字塔中占据相当的地位。每日蔬菜和水果摄入量为300～400克，蔬菜与水果之比为8：1。

③第三层是奶和奶制品，以补充优质蛋白和钙，每日摄取量为200～300克。

④第四层为动物性食品，主要提供蛋白质、脂肪、B族维生素和矿物质。禽、肉、鱼、蛋等动物性食品每日摄入量为100～200克。

⑤塔尖是膳食中放入少量的盐和糖类。

第一、二层的碳水化合物食物应提供人体所需能量（热量）的65%；第三、四层食物中的脂肪应提供人体所需能量的25%，这两层中的蛋白质应提供人体所需的剩余能量，约占人体总能量的10%。

（四）篮球训练的膳食建议

1.培养科学的饮食习惯

（1）合理安排一日三餐

①时间安排。人的日常三餐应保持固定，这样对于肠道的消化和吸收有利。一般两餐之间的间隔时间在5小时左右。每次吃饭的时间也应合理安排，既不能太快也不能太慢。

②热能安排。一般早餐占全天总热量的 30 % 左右，午餐占全天总热量的 40 %～45 %，晚餐占全天总热量的 25 %～30 %。

（2）培养良好的个人饮食素养

①每天热量结构建议碳水化合物占总热量的 60 %～70 %，蛋白质占总热量的 10 %～15 %，脂肪占总热量的 20 %～25 %。

②用餐环境保持安静、清洁，不吃街头无食品卫生许可证摊贩的食品；购买食品时应注意保质期。

③在饮食上还要注意营养卫生，少吃太咸、太油腻的食物，不多吃油炸和烟熏的食物。

④增强自身对于营养和保健知识的认识和了解，讲究合理的膳食结构，掌握好搭配和比例。慎重服用保健类和营养类药物。

（3）合理加餐

篮球运动对于人体的能量消耗较多，因此，可考虑适当加餐。加餐的食物摄入量不宜过多，而且要以碳水化合物为主。加餐应保证不影响正常的三餐饮食。

2. 素食餐饮要适当

素食的热量和脂肪的含量相对较低，有助于避免现代病。但是素食同样具有其弊端。对于篮球运动者而言，不应做纯素食主义者，应保证机体各种营养摄入的均衡。纯素食的主要弊病表现在以下两个方面。

（1）纯素食容易导致营养不良

蛋白质是人体细胞和组织的重要成分，人体各部分的组成都需要蛋白质的参与。脂肪不仅能够为人体提供热量，还对大脑发育具有重要影响。对于经常从事大运动量的运动者来说，单纯的素食并不能很好地提供人体运动所需的营养。

（2）纯素食导致微量元素和维生素缺乏

人体的各种微量元素很多来源于果蔬类食物，但是人体中的铁、锌、钙等元素主要来源于动物性食品，如铁元素主要来源于肉类和蛋类食物，钙元素则主要来源于奶类食物。素食者为了保持营养摄入的均衡，会食用多种类的食品，并且需要精心的准备，但是日常生活中忙碌的人们很难做到。纯素食的人贫血和缺铁、锌的危险较大。纯素食的人虽然不一定贫血，但是其铁的吸收率会降低。

3. 饮食注意事项

在篮球训练前后，应注意以下 4 个方面的饮食问题。

（1）避免空腹时的大量运动

在空腹的情况下，人体的血糖含量会相对降低，在运动过程中可能会产生头昏、四肢乏力等症状，严重者甚至会产生昏厥。空腹运动训练也可能会产生腹痛，还会抑制消化液的分泌，降低消化功能，容易发生意外。

（2）饭后不大量运动

在饭后，人体的消化器官需要大量的血液供给，这时候进行运动训练会导致消化系统的血液流量减少，从而影响人体对食物的消化和吸收。如果在饭后进行大量运动，会影响肠胃的蠕动，产生胃痉挛、呕吐等症状。因此，运动者应在饭后过一段时间再进行运动训练，一般可在饭后 1.5～2 小时后进行。

（3）运动中不大量饮水

在篮球运动中，由于运动量巨大，人体的出汗量也会较多，会引起人体的缺水。在补水时应注意控制饮水的量，采取少饮多次的方法来补水。可饮用功能性饮料，补充人体流失的矿物质。

如果饮水量过多，会使胃部膨胀，妨碍膈肌活动，影响正常呼吸，并对肠胃、心脏有害。在运动中大量饮水，会使得人体的盐分丧失增多，从而导致人体出现四肢无力、抽筋等现象。在训练过程中，口腔和咽喉黏膜的水分蒸发或尘埃刺激、空气干燥以及唾液分泌减少等原因也可能导致口渴，在这种情况下可通过用水漱口的方法来消除饥渴感。

（4）运动前不吃油腻或过咸食物

油腻食物不容易消化，肠胃需要更多的血液来帮助消化，肝脏也会分泌大量的胆汁去应付。这会造成腹胀，并且影响运动器官的血液供应。

在运动训练之前，食用过咸的食物会造成口干舌燥，如果大量饮水会影响运动的效果。

二、篮球训练的疲劳与消除

（一）运动性疲劳的概念

1982 年，第 5 届国际运动生物化学会议将运动性疲劳作为专题进行讨论。在会议上专门提出了一个运动词汇表，将运动、劳动、功率、力量、耐力、疲劳、力竭、运动强度的定义都作了统一阐述。该次大会对运动性疲劳的定义进行了统一，结束了近一个世纪的篮球训练疲劳定义的争论。

运动性疲劳是"机体生理过程不能持续其机能在一特定水平或各器官不能维持预定的运动强度"的现象。这一定义得到了国内外许多专家、学者的认可，并被许多教科书和科研论文所采用。

（二）篮球训练疲劳的外围机制

篮球训练疲劳发生于神经肌肉接点至骨骼肌收缩蛋白处。研究表明，不同强度、时间、运动形式所产生的疲劳机制是不同的，许多学者因此提出了许多有关篮球训练疲劳产生机制的说法，分别就以下方面对疲劳进行阐释。

1. 能源衰竭

能源衰竭学说认为运动过程中体内能源物质大量消耗而得不到及时补充是产生疲劳的主要原因。实验证实，篮球训练疲劳与能源物质消耗过多密切相关，且运动强度、时间不同，消耗的能源物质不同。具体如下。

①在短时间大强度的运动中，机体主要能源 ATP 和 CP（磷酸肌酸）在肌肉中含量很低，仅能供应 10 秒以内的大强度运动。

②在中等强度的运动中，机体的主要靠糖酵解和有氧氧化混合供能，由于人体肌肉中糖原含量仅 200～400 克，以酵解方式供能仅能维持 1 分钟。

③而在长时间运动中，机体主要以糖和脂肪的有氧氧化功能为主，肌糖原的耗竭会随着练习强度的增加而增加，人体工作能力的下降往往伴有血糖浓度的降低，补充糖有助于工作能力的提高。

2. 离子代谢紊乱

运动时，离子代谢紊乱可以导致运动性骨骼肌疲劳的产生，影响篮球训练疲劳的主要离子有 Ca^{2+}、K^+ 和 Mg^{2+}。

（1）Ca^{2+} 与篮球训练疲劳

Ca^{2+} 代谢异常是引起肌肉结构和肌肉机能变化，从而导致篮球训练疲劳产生的重要因素之一。运动中 Ca^{2+} 的增加对篮球训练疲劳的产生主要表现在以下两个方面。

① Ca^{2+} 的过度增加可以激活磷脂酶（PLA2）中性蛋白水解酶、溶酶体酶等，造成骨骼肌的结构和功能破坏，从而导致篮球训练疲劳。

② 细胞 Ca^{2+} 增加时，主动摄入 Ca^{2+} 的线粒体会抑制其自身氧化磷酸化，使氧化磷酸化脱偶联，减少 ATP 的生成，造成运动能力下降。

在对 Ca^{2+} 的研究过程中，有关学者分别提出了以下观点：运动衰竭时，心肌与腓肠肌的肌球蛋白 Ca^{2+}—ATP 泵活性会明显降低，Ca^{2+} 失衡；在长时间的运动中，运送到肌浆网状组织中的 Ca^{2+} 会减少，不能满足运动需要，使机体产生疲劳；长时间运动所引起的能量下降是因为 Ca^{2+} 不均衡导致的。

（2）K^+ 与篮球训练疲劳

一方面，细胞内 K^+ 的流失会因运动中细胞的持续兴奋而不断增多。力竭时，细胞内、外 K^+ 浓度比会由 40 下降到 20，影响正常动作电位的形成，从而导致肌张力降低，产生疲劳。

另一方面，钾含量的下降可能减少体内葡萄糖的利用，抑制胰岛素分泌，减少骨骼肌糖原贮备，从而导致运动能力下降，引发疲劳。

（3）Mg^{2+} 与篮球训练疲劳

镁在糖、脂肪、蛋白质等的代谢中发挥着至关重要的作用，是机体内许多关键酶的辅助因子。

细胞内 Mg^{2+} 可以参与细胞 Ca^{2+} 浓度的调节，抑制线粒体摄取 Ca^{2+}。运动中，细胞 Mg^{2+} 含量的下降对篮球训练疲劳的影响表现在以下两个方面。

① 使许多关键酶活性降低，导致细胞代谢障碍，引发疲劳。

② 引起 Ca^{2+} 代谢紊乱，降低运动能力，导致机体疲劳。

3. 自由基致损伤

自由基是指游离在外层轨道带有不成对电子的离子、原子、分子等物质，如氧自由基、羟自由基、过氧化氢、单线态氧等。

自由基在人体的存在是利弊参半的。在生理浓度的条件下，自由基在生物体内是有利的，如使纤维细胞增殖，调节血管舒张，杀菌等；另外，自由基可以与不饱和脂肪酸发生脂质过氧化反应生成过氧化物（LOOH），过氧化物对细胞具有毒性作用。自由基过多会导致核酸受损、蛋白质交联或多肽断裂，使代谢酶因交联聚合而失去活性。

研究发现，氧自由基与运动的关系最为密切。正常情况下，人体内氧自由基的产生和清除是平衡的。但是，一旦产生氧自由基过多或抗氧化系统出现故障，其代谢就会出现失衡。自由基的失衡会导致机体细胞损伤，引发心脑血管疾病、白内障、糖尿病、炎症、癌症等疾病和衰老现象。运动时，氧自由基的增加是导致篮球训练疲劳发生的一个重要因素。

运动前，给机体补充适当的抗氧化剂能够有效地降低运动后的脂质过氧化程度，延缓疲劳的出现。

（三）篮球训练疲劳的消除措施

篮球训练疲劳是体内多种因素综合变化的结果，要想使其恢复的速度和效果都更为理想，就要采用多种科学手段，否则往往达不到预期的效果。篮球训练疲劳恢复的措施有很多，其中，最主要的有运动性疗法、传统康复治疗、物理疗法等。

1. 运动性疗法

运动疗法是以运动学和神经生理学为基础，利用人体肌肉关节的运动，以达到防治疾病、促进身心功能恢复和发展的方法。它是康复医疗的重要措施之一，要想达到较为理想的恢复效果，就要以运动员的实际情况为主要依据，以运动处方的形式，有针对性地选择适合的运动方法，从而能够确定适当的运动量。具体来说，运动性疗法的具体措施主要有以下两种形式。

（1）积极性休息

用变换活动部位和调整运动强度的方式来消除疲劳的方法，也就是积极性休息。谢切诺夫在1903年进行测力描记实验中发现，右手握测力器工作到疲劳后，以左手继续工作来代替安静休息，能使右手恢复得更迅速更完全。并认为，在休息期中来自左手肌肉收缩时的传入冲动，会加深支配右手的神经中枢的抑制过程，并使右手血流量增加。大量研究也充分证明，与安静休息相比较，活动性休息可使乳酸的消除快1倍。积极性休息是运动疲劳恢复的重要措施之一，运用也较为广泛，其恢复效果也较为理想。

（2）整理活动

整理活动是指在正式练习后所做的一些加速机体功能恢复的较轻松的身体练

习，是消除疲劳、促进体力恢复的好方法，应给予足够重视。如果一个人跑到终点后站立不动，血液会大量集中在下肢扩张的血管内，使静脉回心血量减少，因而心输出量下降，致使血压降低而造成暂时性脑贫血，会引起一系列不适感觉，甚至出现"重力性休克"。而在剧烈运动后进行整理活动的主要意义在于，不仅能够使心血管系统、呼吸系统仍保持在较高水平，而且对于乳酸的排除也有非常积极的促进作用。

一般整理活动应包括慢跑、深呼吸、体操、肌肉放松练习、静力牵伸练习等内容。肌肉静力牵伸练习对缓解运动后的肌肉紧张、放松肌肉、预防延迟性肌肉酸痛、消除肌肉疲劳、保持和改善肌肉质量都有良好的作用。总的来说，整理活动具有及时放松肌肉，避免由于局部循环障碍而影响代谢过程，从而延长恢复过程的重要作用。但是，为了能够保证理想的恢复效果，在做整理活动时需要注意，量不要大，尽量缓和、放松，使身体逐渐恢复到安静状态。

2. 传统康复治疗

传统康复治疗技术主要包括针灸、拔罐、推拿按摩、中药熏蒸等非药物疗法，这种治疗方法主要是通过调整人体的阴阳平衡、调节脏腑功能、疏通经络、调和气血、升降气机，达到消除疲劳、祛除致病因素、修复损伤、增强抗病能力和强壮脏腑功能等目的。

在传统康复治疗的措施中，运用较为广泛的是气功。气功是一种自我调节、自我控制的锻炼形式。气功练习对于篮球运动疲劳的恢复作用主要表现在以下四个方面。

第一，气功练习能够使抵抗能力有所增强。

第二，气功练习能帮助"放松"，消除紧张状态，使交感神经系统的活动减弱，血管紧张素分泌系统发生变化，调节血压，使血运加快、皮温升高、红细胞和血红蛋白有所增加，白细胞吞噬能力提高，血皮质醇减少。

第三，通过脑电图检查证实，气功练习对大脑皮质起保护性抑制作用。

第四，气功可使骨骼肌放松，心跳减慢，耗氧量减少。

3. 物理疗法

应用天然的或人工的物理因子，如光、电、声、磁、热、冷等作用于人体，引起局部或全身的生理效应，从而起到康复和提高机能的治疗方法，就是所谓的物理疗法。物理疗法的形式有很多种，如常见的电疗、光疗、水疗、冷疗、蜡疗、超声波疗、热疗、磁疗以及生物反馈等治疗。

蜡疗的运用范围较为广泛，以此为例，来介绍物理疗法。蜡疗的主要特点是：热容量大，导热性小，几乎无对流现象。石蜡有很高的蓄热性能，在冷却过程中可释放大量热能。石蜡用于治疗的作用主要表现为两个方面：一个是温热作用，皮肤能耐受 60℃～70℃的石蜡而不被烫伤；另一个则是机械压迫作用，对肌腱挛缩有软化、松解作用。因此，蜡疗的主要作用为：防止淋巴液渗出，减少水肿，促进渗出液吸收，扩张毛细血管和增加血管弹性。

参考文献

[1] 闫萌萌，张戈.当代高校篮球教学与训练实践研究[M].太原：山西经济出版社，2020.

[2] 王新.高校篮球训练研究[M].长春：东北师范大学出版社，2019.

[3] 张伟，肖丰.高校篮球运动教学理论与方法研究[M].北京：新华出版社，2019.

[4] 谭晓伟，岳抑波.高校篮球教学开展的理论与实践研究[M].长春：吉林人民出版社，2018.

[5] 朱亚男.高校篮球运动教学与训练研究[M].北京：九州出版社，2017.

[6] 张海利，张海军.现代高校篮球教学理论与方法研究[M].北京：新华出版社，2015.

[7] 任金锁，李昂.高校篮球运动教学与训练研究[M].长春：吉林大学出版社，2012.

[8] 章巨焕.篮球运动：普通高校篮球课教程[M].杭州：杭州出版社，2001.

[9] 陶然.高校篮球教学与训练研究[M].长春：吉林出版集团股份有限公司，2022.

[10] 陈杰.高校篮球教学与训练[M].延吉：延边大学出版社，2020.

[11] 刘东.普通高校篮球课异质分组合作教学评价方法实验研究[J].北京体育大学学报，2012，35（5）：95-98.

[12] 万宏.高校篮球教学与训练的新方法研究[J].南昌教育学院学报，2012，27（1）：181；187.

[13] 吴秀莲.高校篮球教学改革影响因素及发展趋势探索[J].改革与开放，2011（8）：156-157.

[14] 乔诚, 薛可. 比赛教学法在普通高校篮球选项课教学中的应用研究 [J]. 北京体育大学学报, 2011, 34 (3): 108-109; 112.

[15] 彭俊峰. 浅议普通高校篮球教学现状及其改革思路 [J]. 科教导刊 (中旬刊), 2010 (14): 152-153.

[16] 韩京松. 高校篮球教学现状及教学模式的改进 [J]. 湖北成人教育学院学报, 2009, 15 (5): 128-129.

[17] 黄明举. 普通高校篮球教学内容的改革 [J]. 湖州师范学院学报, 2008 (1): 137-140.

[18] 白微. 普通高校篮球教学传统教学法与比赛教学法的实验研究 [J]. 沈阳体育学院学报, 2007 (2): 103-104.

[19] 周兴伟. 对高校篮球教学几个重要问题的思考 [J]. 北京体育大学学报, 2007 (3): 389-391.

[20] 陈茂林. 普通高校篮球选项课教学的探讨 [J]. 四川体育科学, 2004 (4): 68-70.

[21] 刘凯. PBL 教学法在普通高校篮球公共课教学中的应用研究 [D]. 济南: 山东师范大学, 2018.

[22] 朱开放. 基于 MOOC 资源的混合式教学在高校篮球教学中的实验研究 [D]. 郑州: 郑州大学, 2018.

[23] 王思文. 高校公体篮球教学引入运动教育模式的研究 [D]. 长春: 东北师范大学, 2015.

[24] 刘元国. 多元视域下高校篮球专修课教学创新研究 [D]. 大连: 辽宁师范大学, 2014.

[25] 孔超. 高校体育教育专业学生篮球裁判能力培养的研究 [D]. 西安: 陕西师范大学, 2012.

[26] 李正贤. 普通高校篮球教学活动的教育生态研究 [D]. 苏州: 苏州大学, 2010.

[27] 张正雷. 山东省部分高校公共体育课篮球教学的现状与对策研究 [D]. 济南: 山东师范大学, 2009.

[28] 徐琳.对我国高校体育教育专业篮球课教学内容整体性构建的研究[D].济南：山东师范大学，2007.

[29] 尤洪林.合作学习理论在普通高校篮球教学中的应用研究[D].长春：东北师范大学，2006.

[30] 谢正阳.高校体育教育专业篮球专修课教学内容与教学评价的研究[D].苏州：苏州大学，2006.